KB070847

# 1호 韓商 신격호

조국 대한민국을 사랑했던 재계 거인

# 1호 韓商
# 신격호

정승환 지음

고 故 신격호 롯데그룹 명예회장 1921~2020 은 1세대 '한상 韓商' 이다.

그는 일제강점기 21세 청년의 패기로 일본행 부관연락선에 몸을 실었다. 일본에서 한국 국적을 유지하면서 제1의 종합식품기업을 이뤘다. 그리고 일본에서 번 돈은 물론 그 갑절 이상을 한국에 투자했으며, 조국 산업화에도 기여했다.

신 명예회장은 일본에서 사업할 당시 마음만은 한국에 남아 모국의 발전을 기원했다.

당시 많은 일본인이 "한국 사람이 일본에서 돈만 벌어간다"며 비방을 했으나, 그는 한국인의 정체성을 지키며, 사업에 몰입했다.

그는 "스무 살 때 단신으로 일본에 건너가 피눈물 나는 고생 끝에 어느 정도 성공한 사업가로 알려지면서 조국을 위해 무엇이든 해야겠다고 생각을 하게 됐는데, 때마침 한일회담이 열려 모든 촉각이 그리로 쏠리게 됐다"고 밝혔을 정도로 조국 애가 컸다.

신 명예회장은 의형제 사이인 서갑호 사카모토방적 회장, 이희건 신한은행 명예회장 등과 고락을 함께하며, 한국에 투자할 날을 손꼽아 기다렸다.

그는 1960년대 초 한국에서 사업에 나섰다. 그의 나이 40대 때다.

성공한 한상이 한국에 온 이유는 모국 경제발전에 기여하고 싶다는 신념 때문이었다. 그리고 1965년 한국과 일본이 수교하면서 모국에 대한 그의 투자는 본격화됐다.

신 명예회장은 1967년부터 시작된 제2차 경제개발 5개년계획과 함께 한국에서 사업을 키워나갔다. 특히 국가기간산업에 투자해 산업화에 이바지하겠다는 뜻이 컸다. 한때 제철사업 진출을 추진했으며, 호남석유화학 <sup>현 롯데케미칼</sup> 을 인수하며 본격적으로 중화학사업에 나서게 됐다.

롯데케미칼은 2021년 매출 18조1205억 원, 영업이익 1조5356억 원을 달성했다. 22개국에 진출해 26곳의 생산기지를 뒀고, 120여 개 국가에 수출하면서 대한민국 경제 발전에 기여하고 있다.

대한민국에서 가장 높은 건물인 롯데월드타워도 신 명예회장의 작품이다. 그의 선구안은 한국 관광산업의 시야를 옛것에서 현대 한국의 색을 담은 건축물로 넓혔다.

신격호 명예회장은 또한 일본 한상들과 함께 한국 경제발전을 지원했다. 그는 재일한국인본국투자협회에 참여했으며, 신한은행 설립위원과 발기인 명단에도 이름을 올렸다. 그렇게 1982년 신한은행이 설립되었다.

2022년 제20차 세계한상대회 개최 도시는 신격호 명예회장의 고향 울산인데, 그에 대한 한상들의 존경심은 여전히 뜨거웠다.

한국과 일본 양쪽에서 '경계인' 취급을 받으며 억척스럽게 살았던 신 명예회장. 두 개의 나라에서 묵묵히 기업을 일군 그를 기억해주는 사람들이 많아지기를 기대한다.

신격호 명예회장의 기업가 정신을 이어받은 한상들이 전 세계에서 성공하고 모국과 협력해 대한민국 발전에 기여하기를 바란다. 전 세계에 퍼진 디아스포라 유대인처럼 한상들의 저력은 강하다.

정승환
매일경제 재계·ESG 전문기자

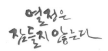

약 력

1921년 울산에서 태어난 신격호 명예회장은
일본으로 건너가 롯데를 창업, 기업가로 성공하였습니다.

그는 한·일 수교 이후 한국 투자의 길이 열리자,
고국으로 돌아와 1967년 롯데제과를 시작으로
호텔롯데, 롯데쇼핑, 호남석유화학(현 롯데케미칼) 등으로
사업을 확대하여 롯데그룹을 전 세계 200여 개국에 걸쳐
2000여 개 계열사를 거느린 대기업으로 성장시켰습니다.

오국의 경제발전에 이바지하였다는 창업철학을 추구한 신격호 명예회장은
2017년 국내 최고층 롯데월드타워를 완공함으로써 세계에 자랑할 수 있는
대한민국의 랜드마크를 만들겠다는 평생의 꿈을 이루고
2020년 1월 별세, 울주군 상동원에 안장되었습니다.

조국 대한민국을
사랑했던 재계 거인

# 대를 이은 한상에 대한 애정

**∴ 2021년 롯데월드타워 vs 2002년 롯데호텔**

1세대 한상韓商 고故 신격호 롯데그룹 명예회장과 신동빈 회장은 한상에 대한 애정이 크다.

부자가 대를 이어 세계한상대회에서 한상들과 만날 정도로 롯데와 한상들 간 인연은 깊다. 한상은 해외에서 사업을 펼치고 있는 한민족 기업인을 일컫는다.

신격호 명예회장은 2002년 서울 소공동 롯데호텔에서 개최된 제1회 세계한상대회 리딩CEO포럼에 참가했을 정도로 한상 네트워크에 대한 애정이 컸다. 리딩CEO포럼은 장대환 매경미디어그룹 회장과 한창우 마루한그룹 회장, 고 홍명기 듀라코트 회장 등이 주축이 돼 설립된 한상 네트워크다.

1차 대회에는 실리콘밸리 신화로 불리는 이종문 암벡스벤처그룹 회장을 비롯해 한창우 마루한그룹 회장, 승은호 코린

도그룹 회장, 황규빈 텔레비디오 회장, 류영수 시스코 부사장, 문대동 삼문그룹 회장, 조병태 소네트그룹 회장 등 성공한 한상들이 참석했다.

세계한상대회는 중국의 세계화상대회처럼 한상 네트워크를 키워보자는 대의명분을 갖고 2002년 시작했다. 2002년부터 매일경제신문이 재외동포재단과 공동 주관해온 세계한상대회는 전 세계 750만 재외동포 네트워크 형성에 기여를 해왔다.

2021년 10월 시그니엘서울에서 열린 세계한상대회 매경 주최 만찬을 방문해 장대환 매경미디어그룹 회장과 인사를 나누는 신동빈 롯데그룹 회장

제1회 한상대회가 열렸던 서울 소공동 롯데호텔 설립과정엔 신격호 명예회장의 '기업보국 企業報國' 정신이 담겨있다. 일본에서 사업을 일으킨 신격호 명예회장의 꿈은 대한민국에 기업을 설립하는 것이었다.

37층으로 계획한 1974년 롯데호텔 기본 설계안

산업불모지인 모국에 기업을 일으켜 국가와 사회에 일익을 담당하기 위해서다. 이것은 '한상정신'이기도 하다.

신격호 명예회장은 호텔 사업에 참여하는 것이야말로 국가 경제에 기여하는 또 하나의 방법이라고 확신하며, 1973년 서울 소공동 반도호텔을 인수했다. 반도호텔은 1979년 소공동 롯데호텔로 재탄생했다.

신격호 명예회장의 아들 신동빈 롯데 회장은 부친이 한상대회를 찾은 지 20년 후인 2021년 세계한상대회를 찾았다.

소공동 롯데호텔, 롯데백화점 전경. 롯데호텔 신관과 롯데백화점 신관이 들어섬으로써 소공동 롯데타운이 완성되었다.

신동빈 회장은 2021년 10월 매일경제 주최 세계한상대회 만찬 행사장을 방문해 한상들과 만남의 자리를 가졌다. 이날 행사는 서울 잠실 롯데월드타워 내 시그니엘호텔에서 열렸다.

123층 롯데월드타워는 신격호 명예회장 필생의 숙원 사업이었다. 2013년 말 고관절 수술을 받고 현장 경영에 복귀한 곳이 롯데월드타워 공사현장이었으며, 2015년에도 타워 현장을 둘러봤다. 당시 그는 타워 85층에서 공사 진척 상황과 사업계획에 대해 보고를 받고 현장 직원들에게 공사 현황에 대해 질문한 것으로 알려졌다.

한상기업에서 출발한 롯데는 비약적인 발전을 거듭해 재계 5위 그룹으로 성장했으며, 지금은 신격호 명예회장에 이어 신동빈 회장이 이끌고 있다. 신동빈 회장도 부친으로부터 기업가 정신과 한상 DNA를 물려받았다.

2011년 6월 롯데월드타워 현장에서 매트 기초에 대해 보고 받는 신격호 명예회장

2015년 5월 롯데월드타워 79층 공사현장을 방문한 신격호 명예회장

롯데월드타워 디자인 보고를 받는 신격호 명예회장과 신동빈 롯데 회장

무수히 반복된 롯데월드타워 디자인 회의

2021년 기준 롯데그룹 자산은 121조6000억 원으로, 2000년 대비 700% 가까이 성장했다. 5대 그룹 중 가장 높은 성장률이다. 이 기간 그룹 상장사 시가총액은 8235억 원에서 21조8000억 원으로 증가했다. 매출은 2000년 13조 원에서 2021년 65조1010억 원으로 증가했다.

1세대 한상 기업 롯데가 해외에서 올리는 매출은 연 10조 원이 넘는다. 또한 1조 원대 법인세를 내며 국가 경제에 기여하고 있다. 한국과 일본뿐 아니라 미국, 유럽, 동남아 등 34개국에 진출하며 글로벌화에도 성공했다.

롯데는 우리나라 재계 10위 기업 중 유일하게 '한상'이 세운 그룹이다. 농업자본을 산업자본으로 전환하거나, 해방 후 일본인이 남기고 간 적산을 활용해 회사를 일군 다른 그룹들과 달리 롯데는 일본에서 번 돈을 한국에 투자해 조국 산업화에 기여했다.

특히 2022년은 세계한상대회 20주년이며, 개최지는 신격호 명예회장의 고향인 울산광역시다. 신격호 명예회장은 사재 240억 원을 출연해 울산과학관을 지어 울산시교육청에 기증했을 정도로 고향에 대한 애정도 컸다.

2017년 롯데월드타워 불꽃 축제

롯데월드타워 전경

조국 대한민국을
사랑했던 재계 거인

# 목차

## 1장 | 한상 신격호 — 대한민국에 투자

# 2장 | 신격호의 꿈과 철학

## 3장 | 인간 신격호

## 4장 | 기업보국 '롯데'

조국 대한민국을
사랑했던 재계 거인

# 한상 신격호

## 대한민국에 투자

고향, 그리고 일본행

## ** 소년시절

롯데그룹 창업주 신격호 명예회장은 식민지 시대 일본 유학 중 소규모 식품업으로 출발해 한·일 양국에 걸쳐 식품·유통·관광·석유화학 분야 대기업을 일궈낸 자수성가형 기업가다.

신격호 명예회장은 100년 전인 1921년 11월 울산의 작은 산골짜기 마을 삼동면 둔기리 623번지에서 태어났다. 신진수 공 1902~1973 과 김순필 여사 1904~1952 사이에서 태어난 5남 5녀 중 맏이였다. 조부는 신석곤 공 1872~1944 이다.

신격호 명예회장은 큰아버지인 신진걸 공이 설립한 둔기의숙에서 천자문 千字文 등을 공부했다. 1929년에는 4년제 삼동공립보통학교 현 삼동초등학교 에 입학해 1933년 5회로 졸업했다. 졸업 동기는 17명이었다. 집에서 학교까지 산고개와 시냇물을 건너야 했지만, 그는 즐겁게 학교에 다녔다고 전해진다.

자신이 다닌 첫 학교였던 만큼 신격호 명예회장은 삼동학교에 대한 애정이 컸다.

신격호 명예회장은 1977년부터 삼동학교를 지원했다. 2009년에는 사재 570억 원을 출연해 '롯데삼동복지재단'을 설립하여 어린이날 장학금을 수여하고 수학여행 경비를 지원했다. 학생들이 서울로 수학여행을 갈 때면 잠실 롯데월드 체험 기회도 마련해줬다. 학교 체육관과 멀티미디어실 건립 지원에 나서는 등 삼동학교 곳곳에는 신격호 명예회장의 체취가 남아있다. 롯데는 또한 1000권이 넘는 책들도 이 학교에 기증했다.

신격호 명예회장은 삼동학교를 4학년까지 다닌 후 5~6학년은 언양보통학교에서 마쳤다. 언양학교 시절 그는 경주로 수학여행을 떠났다. 그는 경주로 가면서 열차를 처음 타봤으며, 이 여행은 그가 '역사'에 관심을 갖는 계기가 됐다.

신격호 명예회장은 1936년 울산농업실수학교에 입학했다. 큰아버지 신진걸 는 조카의 농업학교 진학을 후원했다. 그의 울산 생활은 1938년 울산농업학교 졸업 후 마감된다. 함경도 명천종양장으로 떠났기 때문이다.

신격호 명예회장의 삼동공립보통학교 졸업사진. 맨 뒷줄 오른쪽에서 네 번째가 신격호 명예회장.

## ** 패기로운 일본행

신격호 명예회장은 함경북도 명천국립종양장에서 1년 연수를 마친 후 경남도립종축장에 취직했다. 직장은 구했지만, 10남매의 장남에겐 만족스럽지 못했다. 보다 큰 세상을 보고 싶었다. 일본에 유학해 공부를 더 하고 싶다는 열망이 컸다. 그래서 선택한 길은 '가출'이었다.

부산과 시모노세키를 오고 간 7천 톤급 부관연락선

1941년 21세 청년이었던 신격호 명예회장은 부산과 시모노 세키를 오가는 부관연락선을 탔다. 뱃삯을 내고 나니 손에는 겨우 83원이 남았다. 그는 일본 도착 다음 날부터 우유배달을 시작했다.

낮에는 사설학원에서 수학 과목을 수강했고, 책값을 감당하기가 벅차 몇 시간이고 서점에 서서 책을 읽었다. 큰맘 먹고 샀던 세계문학전집 중 괴테의 『젊은 베르테르의 슬픔』은 훗날 '롯데'라는 이름을 짓는 데 영향을 주었다.

5년제 와세다실업학교 야간부에도 편입했다. 주경야독의 고학 생활이 시작됐다. 와세다실업학교를 다니며, 유주현, 황용주, 이병주 등 한국인 문학청년들과 교류도 나눴다.

새벽 4시부터 손수레에 우유 100개를 싣고 주택가를 부지런히 돌다 보면 어느덧 날이 밝아왔다.

신격호 명예회장은 고되게 배달을 하고서도 일을 마친 후에는 묵묵히 집하장 청소까지 도맡아 했다. 특유의 친화력으로 고객을 유치했고, 덕분에 대리점 매출도 점점 늘어갔다.

그는 결근이나 지각 한 번 없이 일했다. 그의 책임감과 성실함을 높이 산 우유대리점 사장은 그에게 두 배달 구역을 독자적으로 운영해 볼 것을 제안했다.

비가 오나 눈이 오나 어떤 경우에도 신격호 명예회장의 우유배달 시간은 정확했다. 소문이 나다 보니 주문이 늘어나 배달 시간을 못 맞추게 되자 그는 직접 배달원까지 추가로 고용했다. 배달 시간을 정확히 맞추기 위해 진짜 사장이 된 것처럼 본인이 직접 배달원을 고용한 것이다.

신격호 명예회장의 신용과 성실성을 지켜본 '하나미쓰'라는 일본인이 사업을 해볼 것을 제의하며 당시 돈 6만 엔을 내줬다. 전당포와 고물상에서 회계장부 정리 아르바이트를 했던 청년 신격호의 근면성과 성실함을 눈여겨본 하나미쓰 씨는 그에게 전폭적인 신뢰를 내보이며 커팅오일 사업을 맡겼다.

1944년 커팅오일 공장을 시작했다. 하지만 제2차 세계대전의 소용돌이 속에서 공장이 불탔다. 폭격 이후 남은 절반의 자금으로 새로운 부지에서 다시 오일 사업을 시작했다. 생산된 오일 품질은 매우 좋은 편이었고, 납품처도 이미 확보한 상태였다. 납품 기일이 되기만을 기다렸지만, 또 한 번의 대대적인 폭격으로 그의 공장은 잿더미가 되어버렸다.

조국 대한민국을
사랑했던 재계 거인

롯데의 태동

## ** 일본서 사업 시작

1946년 3월 와세다고등공업학교 화학부를 졸업한 신격호 명예회장은 그해 5월 도쿄 스기나미구 군수공장 자리에 '히카리특수화학연구소'라는 간판을 걸고 비누와 화장품을 만들었다. 공장 운영 1년 만에 하나미쓰 씨의 투자금 6만 엔을 상환하고 집 한 채까지 선물할 정도가 됐다.

성공한 그가 가장 먼저 찾아간 사람은 하나미쓰 씨였다. "어르신! 6만 엔을 돌려드리러 왔습니다. 저를 믿고 투자하신 은혜, 평생 잊지 못합니다." 신격호 명예회장과 하나미쓰 씨는 한동안 서로 부둥켜안고 감격의 눈물을 흘렸다.

이때부터 신격호 명예회장은 "다른 사람에게 폐 끼치지 않는다. 투자도 그 범위 안에서 구상한다"는 신념을 갖게 됐다.

신격호 명예회장의 인생 전환점은 '껌'이었다. 2차 세계대전 종전 후 미군이 갖고 온 껌은 일본에서 선풍적인 인기를 끌었다. 이때 신격호 명예회장은 상상력을 발휘했다. 껌을 입안에

넣는 것만으로도 행복해하는 어린이들의 모습을 떠올렸다.

그는 "내가 만든 제품이 아이들에게 행복을 줄 수 있다면 보람이 될 것"이라며 껌 사업에 나섰다. 사회적 관점에서 기업의 역할을 본 셈이다. 신격호 명예회장은 약제사까지 고용해 껌의 품질을 높여나갔다. 히카리연구소의 껌은 상점 주인들이 제품을 받으려고 공장 앞에 줄을 설 정도로 인기상품이 됐다.

신격호 명예회장은 1948년 껌을 주력 제품으로 하는 ㈜롯데를 설립했다. 규모는 자본금 100만 엔, 종업원 10명에 불과한 것으로 알려졌다.

문학에 심취했던 청년 신격호는 괴테의 『젊은 베르테르의 슬픔』의 여주인공 이름에서 '롯데'라는 이름을 따왔다.

상전 신격호 기념관에 전시된 『젊은 베르테르의 슬픔』

롯데는 창업 5년 만에 풍선껌 시장을 석권했다. 천연 치클로 만든 껌으로, 해외 기업들과도 경쟁할 수 있는 품질과 판매전략을 추진한 결과다.

서구 문명의 상징인 껌에 일본 성인들은 비난을 퍼부었지만, 신격호 명예회장의 생각은 달랐다. 당시 일본에서 껌의 핵심 타깃은 바로 어린이라는 점을 정확하게 꿰뚫고 있었기 때문이다. 오히려 롯데는 풍선껌 사업을 강화해 아예 풍선껌을 작은 대나무 대롱 끝에 대고 불 수 있도록 풍선껌과 대나무 대롱을 함께 포장했다. 당시에는 변변한 장난감이 없던 터라 롯데의 풍선껌은 그야말로 날개 돋친 듯 팔려나갔다. 껌이라는 상품 자체가 식품이라기보다는 심심한 입을 즐겁게 해주는 장난감이라는 제품의 핵심가치를 간파한 것이다.

롯데껌 홍보 차량

버스를 활용한 롯데껌 홍보 활동

껌 포장 안에 추첨권을 넣고 당첨된 사람에게 1천만 엔을 준다는 광고를 내놓기도 했다. 그 결과 롯데 껌을 사기 위해 어른이나 아이 할 것 없이 상점 앞에 길게 줄을 섰다.

1961년 신격호 명예회장은 일본 가정에서 손님 접대용 '센베이'가 초콜릿으로 대체될 기미가 보이자 초콜릿 생산을 결심했다. 초콜릿 본고장 스위스 수준 이상의 품질을 목표로 했다. 유럽 초콜릿 제조기술을 도입하고, 기술자들을 초빙해 결국 롯데는 일본 초콜릿 시장을 장악했다. 이후 캔디, 비스킷, 아이스크림, 청량음료 등에 진입하며 일본 제1의 종합식품업체로 부상했다. 이어 무역회사를 설립하고, 해외에도 공장을 건설하는 등 세계 시장으로 범위를 넓혀 나갔다.

일본 우라와 초콜릿 공장 전경

1964년 〈아사히신문〉에 실린 가나초콜릿 발매 광고. 막스 브락스 씨와 신격호 명예회장의 사진이 실려 있다.

초콜릿 공장을 둘러보는 신격호 명예회장

사업 확장 과정에서 신격호 명예회장은 대한민국 국적을 유지했다. 몸은 일본에 있었지만, 마음만은 한국에 남아 모국의 발전을 기원했다.

이 때문에 일본 사회로부터 적지 않은 공격을 받았다. 당시만 해도 한국인에 대한 차별이 심했다. 신격호가 성공한 사업가로 이름을 알리자 공격의 도가 더욱 심해졌다. 많은 일본인이 "한국 사람이 일본에서 돈만 벌어간다"며 조롱과 비방을 서슴지 않았다. 귀화의 유혹도 있었다. 그러나 그는 한국인의 정체성을 지켰다. 그리고 정체성을 지키기 위해 사업에 몰입했다. 언젠가는 한국으로 돌아갈 것이며, 조국 발전에 보탬이 될 것이라는 소망도 키워나갔다.

재일교포 사회는 일제강점기부터 본격화됐다. 재외동포재단에 따르면 1916년까지 1만 명 이내였던 일본 내 한인들은

1950년 신주쿠에 신축한 롯데제과 공장

1920년께 약 4만 명으로 증가했다. 1930년대 말부터 전시체
제에 들어가자 일본은 강제동원을 개시했다. 1938년 국가총
동원법 제정 이후 한국인에 대한 강제동원 정책을 실시했다.

1945년 8월 일본 패망 후 재일교포들은 선택의 기로에 섰
다. 귀국이냐 잔류냐. 1944년 통계에서 193만여 명이었던 재
일교포들은 1947년 통계에서는 53만 명에 그쳤다. 약 140만
명이 고국으로 귀환한 것으로 추정된다.

재일동포들은 1952년 4월 샌프란시스코 강화조약이 발효되면서 일본 국적을 박탈당했다. 그들은 외국인 등록법에 따라 외국인으로 분류됐다. 재일동포는 한국 국적과 조선적을 가진 사람 두 종류로 나뉘게 됐다. 신격호 명예회장은 한국 국적자였다.

재일교포들은 차별에 대해 저항하는 한편 동화되며 극복하는 삶을 살아가고 있다. 그들은 차별 속에서도 조국의 경제발전에 기여했다. 한국전쟁이 터지자 재일학도의용군으로 전쟁에 참전했다. 1965년 한일 국교 수립 이후 재일동포 실업가들은 한국에 투자했다. 국교 정상화 전후 재일동포의 모국 투자 규모는 약 2695만 달러에 달했다.

한국 최초 수출산업공단인 구로공단 건설도 주도했다. 1988년 서울올림픽 때에는 100억 엔의 성금을 전달했고, IMF 외환위기가 터지자 수십억 달러를 한국에 송금하기도 했다.

현재 한국 정부가 사용하는 일본 내 한국 공관 10개 중 9곳은 재일교포들이 기증했다. 도쿄 미나토구 미나이아자부에 있는 주일한국대사관을 비롯해 삿포로, 요코하마, 나고야, 후쿠오카, 고베, 오사카, 센다이, 히로시마 등의 공관 건물이다. 1962년 8월 오사카 한상인 서갑호 사카모토방적 회장은 본

인 소유 미나미아자부의 주일한국대표부 건물과 부지를 국가
재산으로 헌납했다.

민단 오사카본부가 발행한 『재오사카100년사』에 따르면 서
회장이 한국 정부에 기증하겠다고 결심한 계기는 "박정희 의
장의 의욕적인 국가재건 의지에 믿음을 가졌기 때문이었다"라
고 기록돼있다.

미나미아자부는 일본 왕실 친인척들과 권력가들이 살던 집
성촌이었다. 미나미아자부 1번지의 원 소유주는 메이지시대
정치가 마츠가타 공작이었다고 한다. 이어 2차 세계대진 중
요나이 해군대신 소유로 넘어갔다. 일본이 패망하자 미나미아
자부 1번지는 주인이 사라졌다. 대신 일본 주재 덴마크 공사
가 사용하게됐다.

미나미아자부 1번지가 한국대사관이 된 사연은 1949년으
로 거슬러 올라간다.

한국 정부는 1949년 1월 도쿄에 주일한국대표부를 설치했
다. 긴자 핫도리빌딩 4층이었다. 당시 주일대표부 운영 경비는
대부분 재일교포들의 후원에 의존했다.

그런데 1952년 4월 샌프란시스코강화조약 Treaty of San Francisco
이 발효되고 일본이 국권을 회복했다. 그간 주재원들이 무상
으로 사용해온 주일공관과 관저들을 반환하라고 외국 공관
들에 알리면서 주일대표부는 폐쇄될 위기를 맞았다. 주일한

국대표부는 새 사무소를 마련하지 못하면 본국으로 귀환할 수밖에 없었다. 한국 정부의 지원은 없었다. 대표부는 재일교포들에게 희망을 걸었다. 이때 서갑호 회장이 대한민국 정부에 미나미아자부 1번지를 무상 임대해줬다.

## ** 신격호의 롤모델 서갑호

주일 한국대사관 1층에는 흉상이 서 있다. 재일교포 사업가 서갑호 사카모토방적 회장이다. 신격호 명예회장의 롤모델과도 같았던 일본 한상이다. 서갑호 회장은 신격호 회장의 초등학교 <sub>언양보통학교</sub> 선배다.

서 회장은 14세였던 1928년 일본 오사카로 건너갔다. 그는 엿장수, 청소부 등을 하며 오사카에 정착했다. 그러다 한 일본인의 도움으로 '신토'라는 타월공장에 입사했다. 그곳에서 그는 베 짜는 기술을 배웠다. 여기서 돈을 모아 인즈미사노에 석면 방직공장을 세웠다.

이어 1948년 폐기 처분된 방적기를 매입해 '사카모토방적'을 설립했다. 이후 오사카방적, 히타리방적 등 잇따라 회사를 설립·인수하며 '방적왕'으로 불렸다. 1950년 오사카 고액소득자 1위, 1952년 일본 부호 순위 5위였다는 기록도 있다.

1961년에는 연 매출 100억 엔을 달성했다.

애국심이 강했던 서갑호 회장은 일본에서 번 돈을 한국과 재일동포들을 위해 썼다. 그는 도쿄 주일한국대사관 부지를 기증했으며, 조국에 대한 투자에도 발 벗고 나섰다.

한일 국교 수립 전인 1963년 2월 한국산업은행 관리하에 있던 태창방직을 인수해 방림방적을 설립했다. 1973년에는 경북 구미에 윤성방적을 세웠다. 그러나 윤성방적은 1974년 화재로 소실됐다. 서 회장은 공장 옆에 학교와 기술사도 만들었다. 젊은 직원들에게 배움과 숙식의 기회를 주기 위해서였다.

서 회장은 일본에서 사카모토그룹을 운영하고 있었는데, 제1차 오일쇼크 여파로 1974년 도산했다. 모국에서 재기를 시도했으나, 1976년 11월 서울에서 세상을 떠났다.

신격호 명예회장은 1950년 오사카에 과자도매상인 오사카야를 인수했는데, 그는 오사카를 방문하면 서갑호 회장과 자주 만났다. 이 자리에서 회장은 신격호 명예회장을 격려하며 여러 조언을 줬다고 한다. 둘은 일본 한상들이 조국을 지원해야 한다는 대의명분도 함께 했다.

서갑호 회장의 사돈은 신한은행을 창업한 재일교포 금융

인 이희건 신한은행 명예회장이다.

신격호 명예회장은 이희건 신한은행 명예회장, 서갑호 사카모토방적 회장과 의형제였다. 셋은 1950년대 말 오사카에서 도원결의를 맺었다. 맏형 서갑호 회장 1914년생, 둘째 이희건 명예회장 1917년생, 막내 신격호 명예회장 1921년 순으로 족보가 정리됐다.

## ** 신격호와 이희건

1970년대 초 일본 한상이 투자한 한국 기업체는 약 400개에 달했다. 하지만 기업을 위한 금융지원 체계는 미약했다. 이에 따라 일본 한상들은 금융솔루션을 직접 찾기 시작했다. 이 과정에서 신격호 명예회장은 이희건 신한은행 창업자와 함께 재일한국인본국투자협회와 제일투자금융·신한은행 설립에 힘을 보탰다.

1974년 재일한국인본국투자협회가 설립됐다. 일본 한상들의 모국투자 활성화를 위해서다.

신격호 명예회장은 재일교포들과 함께 재일한국인본국투자협회 설립에 고문으로 참여했다. 협회 회장은 이희건 오사카흥은 회장 후일 신한은행 명예회장 이었다. 이밖에 김용태 한국마벨, 강병준 삼화제관, 서갑호 사가모토방적, 허필석 한국YC안테나, 안재호 대한합성화학, 강택우 삼화제관 등이 협회에 힘을 보탰다. 협회는 1977년 1월 경 제기획원 현 기획재정부 으로부터 사단법인 인가를 받았다. 약 100

개 회원사로 출발해 220개사까지 확대됐다.

재일한국인본국투자협회는 88 서울올림픽 후원, 국산품 구매촉진 캠페인, 2000년대 재일동포 모국 유학생 장학사업 등에 적극적으로 참여해왔다.

신격호 명예회장은 일본 한상들이 1977년에 세운 제일투자금융에도 발기인으로 참여했다. 단자금융회사인 제일투자금융은 125명의 창립자 전원이 재일동포였으며 초대 이사장은 이희건 회장이었다. 임직원 55명, 자본금 30억 원으로 시작했다.

제일투자금융은 2차 오일쇼크 여파로 한국경제가 불황에 빠진 1970~1980년에도 성장하며 여·수신고가 각각 1000억 원을 돌파했다. 서울 명동 구 증권거래소 건물도 인수했다. 제일투자금융은 또한 대한민국 금융회사 최초로 고객서비스센터를 도입했다.

신격호 명예회장은 재일한국상공회의소 상임고문도 지냈다. 일본 한상들은 1962년 재일한국상공회의소의 전신인 재일한국인상공연합회를 설립했다. 상공회의소는 한국 투자와 재일교포 사회 후원 등에 힘써왔다. 재일한국인본국투자협회 설립에도 적극적인 지원을 아끼지 않았다.

신격호 명예회장은 1981년 재일교포들이 만든 신한은행 발

기인 명단 19명에도 이름을 올렸으며, 신한은행 은행설립위원
도 맡았다. 신한은행은 1982년 7월 7일 영업을 개시했으며,
창립 기념 축하연은 서울 소공동 롯데호텔에서 열렸다. 신한
은행 창업자는 이희건 명예회장이다.

신격호 명예회장은 이희건 명예회장에게 이병철 삼성 회장
뿐 아니라 기시 노부스케 전 총리 등 일본 정계 거물들을 소
개해줬을 정도로 가까웠다.

1985년 6월 신격호 명예회장의 차남 신동빈 롯데그룹 회장
의 결혼식 때 이희건 명예회장은 손녀와 함께 참석했다. 당시
주례는 후쿠다 다케오 전 총리, 축사는 나카소네 야스히로
전 총리가 했다. 이 명예회장은 한국에서 일식당을 갈 때면
롯데호텔에 자주 갔다. 그가 롯데호텔에서 신격호 명예회장과
밥을 먹으면 계산은 항상 신격호 명예회장이 했다.

조국 대한민국을
사랑했던 재계 거인

애국자 신격호,
모국투자에 나서다

신격호 명예회장은 1967년 롯데제과를 창립해 모국투자를 시작했다. 호텔과 백화점을 설립, 국내 유통과 관광 산업의 선진화를 이끌며 건설, 석유화학 등 국가 기간산업에도 진출하여 사업을 다각화했다.

## ** 21년 만의 귀국

일제강점기 약관의 나이로 일본에 건너간 신격호 명예회장은 20여 년이 지난 1960년대 초 40대가 돼 한국으로 돌아왔다.

그가 한국에 온 가장 큰 이유는 일본에서의 성공과 자금을 활용해 모국 경제발전에 기여하고 싶다는 소망 때문이었다. 사업보국의 꿈을 안고 온 것이다.

1962년 4월 신격호 명예회장은 재일한국인상공연합회 고문 자격으로 김포공항에 내렸다. 부관연락선을 타고 대한해협을 건넌 지 21년 만이다.

신격호 명예회장은 한국 일정 중 박정희 국가재건최고회의

의장, 이병철 한국경제인협회 <sub>현 전국경제인연합회</sub> 회장 등과도 만났다. 그들은 신격호 명예회장에게 모국에 대한 투자를 부탁했다. 1962년은 제1차 경제개발 5개년 계획이 시작된 해였다. 당시만 해도 한국은 1인당 GDP가 78달러에 불과했던 못사는 나라였다. 신격호 명예회장은 21년 만에 모국을 방문하며, 한국 경제개발에 기여하겠다는 뜻을 갖게 됐다.

1964년 신격호 명예회장은 도쿄 한국대표부에 나무를 심는 등 한일 국교 수립 전에도 조국을 생각했다.

그는 한 언론과의 인터뷰에서 "한국전쟁이 한창이던 1951년부터 시작된 한일회담의 진행 과정을 누구 못지않게 관심을 갖고 지켜봤다. 이런 관심에는 국가에 대한 일종의 보상심리 같은 게 작용했으리라 생각한다. 스무 살 때 단신으로 일본에 건너가 피눈물 나는 고생 끝에 어느 정도 성공한 사업가로 알려지면서 조국을 위해 무엇이든 해야겠다고 생각하게 됐는데, 때마침 한일회담이 열려 모든 촉각이 그리로 쏠렸다"고 밝힌 바 있다.

1962년 한국에 도착해 연회장에서 건배하는 신격호 명예회장

## <sub>**</sub> 좌절된 제철소

일본에서 사업을 일으킨 신격호 명예회장의 꿈은 대한민국에 기업을 설립하는 것이었다. 산업불모지인 모국에 기업을 일으켜 국가와 사회에 일익을 담당하기 위해서다. 신격호 명예회장은 한일 국교 수교 과정에서 양측 실무자들의 만남을 주선하기도 하고, 상호 간 의견을 전달하는 역할도 담당했다. 그만큼 모국의 경제발전에 도움이 되고 싶다는 생각이 간절했다.

애초에 신격호 명예회장은 한국에서 식품회사가 아닌 중화학공업을 하고 싶어 했다. 1966년 6월 롯데는 정부에 정유사업 계획서를 제출했다. 하지만 정부는 호남정유<sub>현 GS칼텍스</sub>를 사업자로 지정했다.

그 대신 신격호 명예회장에게 제철사업을 제안했다. 그는 2년여간 일본의 모든 제철공장을 돌아보고, 미국까지 다녀오며 사업 추진에 매진했다. 연간 생산 100만 톤 규모 설비라면 충분히 경쟁해 볼 만하다는 판단을 내렸다. 제철사업과 관련해 55명의 전담반을 운영하며 3000만 엔 이상을 투입했다. 후지제철과 손잡고 사업계획서도 짜놓았다. 신격호 명예회장은 설계 도면부터 시작해 방대한 자료를 모두 정리하고 은행 융자를 받을 준비까지 완료했다. 신격호 명예회장의 제철소 구상엔 재일교포 김철우 박사가 함께했다. 김 박사는 후일 포스코 부사장과 포항산업과학연구원RIST 초대 원장까지 지냈다.

그런데 정부가 갑자기 제철사업은 국가에서 하기로 했다고 전해오자 단념할 수밖에 없었다. 그는 그동안 수집한 자료들을 고 박태준 포스코 명예회장에게 건네줬으며, 수시로 만나 조언과 지원을 한 것으로 알려졌다.

그는 롯데건설을 통해 제철산업 발전에 기여했다. 롯데건설은 약 20년 동안 포항제철소 1기부터 4기, 광양제철소 1~4기 등 두 제철소의 모든 코크스 설비를 도맡아 시공했다.

특히 1976년 10월 착수한 포항제철의 코크스 확장 공사는 국내자본 94억8600만 원과 외국 자본 6228만 달러가 투입된 코스크로 146문을 증설하는 프로젝트였다.

롯데건설은 독일 오토사로부터 설비를 공급받아 1978년 12월 말 공사를 마쳤다.

포항제철은 철강재의 자급도 제고를 위해 4기 설비 증설을 5개월 앞당겨 1979년 1월에 착공했다.

롯데건설은 1983년 5월 조강 연간 생산 910만 톤 규모의 4기 설비 확장 공사를 끝마쳤다.

코크스는 제철소 핵심인 고로의 주원료를 생산하는 설비다. 박태준 명예회장은 광양제철소 건설이 완료된 후 롯데건설이 참여 업체 중 유일하게 무하자 공사로 전 코크스 설비 시공을 마쳤다며 감사의 뜻을 표하기도 했다.

## ☆ 한국 투자의 시작 롯데제과

"새롭게 한국 롯데 사장직을 맡게 되었사오나 조국을 장시일 떠나 있었던 관계로 서투른 점도 허다할 줄 생각되지만 소생은 성심성의, 가진 역량을 경주하겠습니다. 소생의 기업 이념은 품질본위와 노사협조로 기업을 통하여 사회와 국가에 봉사하는 것입니다." (1967년 한국 롯데제과 설립 당시 신격호 롯데 사장 인사말)

신격호 명예회장은 '기업보국 企業報國'이라는 기치 아래 1965년 한일 수교 이후 한국 투자의 길이 열리자, 1966년 동방아루미공업 현 롯데알미늄을 설립한 데 이어 1967년 롯데제과를 설립했다. "한국의 소비자에게도 양질의 먹거리를 제공하자"는 신념에서다. 롯데제과 회장에는 유창순 전 경제기획원 장관을 영입했다. 신격호 명예회장은 1950년 도쿄에서 당시 유창순 한국은행 외환과장을 만난 이래 그와 인연을 지속해나갔다.

유창순 전 장관은 한국은행 도쿄지점장과 총재, 상공부 장관 등을 역임했다. 당시 유 회장은 "소생은 청을 받아 롯데의 일익을 담당하게 된 것을 영광으로 생각하고 있습니다. 신 사장과 합심 협력하여 약진 롯데를 위하여 더욱더 사업을 발전시켜 이 나라 사회와 국가에도 크게 봉사하기를 원합니다"라고 전했다.

국가와 국민에게 도움이 되는 사업을 하고 싶다는 의지에 따라 제과사업을 시작한 만큼 신격호 명예회장은 "품질, 박리다매, 노사협조를 바탕으로 기업을 통해 사회와 국가에 봉사하는 것이 기업 이념"이라고 강조했다. 이 같은 의지에 따라 설립된 롯데제과의 껌과 과자는 먹을거리가 부족했던 국민들에게 위안이 됐다.

롯데제과는 1974년 한국거래소에 상장했고, 2022년 7월에는 롯데푸드를 흡수합병했다. 롯데푸드까지 품은 롯데제과는 연 매출 3조7000억 원이 넘는 종합식품기업으로 성장했다.

## ** 호텔 사업에 눈뜨다

"우리나라를 찾는 외국인 관광객들이 갈수록 준다고 말만 할 것이 아니라 우리 자신부터 그들이 우리나라를 다시 찾도록 만드는 노력을 해야 한다. 그러기 위해서는 무엇보다 투자를 아끼지 않아야 한다. 관광산업을 포기할 수는 없다."

신격호 명예회장은 호텔 사업에 참여하는 것이야말로 국가 경제에 기여하는 또 하나의 방법이라고 확신했다. 컨벤션 등을 활성화하는 기반이 된다는 점도 호텔에 진출한 배경 중 하나였다. 이에 따라 롯데는 1970년 11월 호텔 사업에 투자하기로 결정하고, 사내 태스크포스인 '비원프로젝트팀'을 구성했다. 그리고 1973년 2월 신격호 명예회장을 위원장으로 하는 호텔롯데설립추진위원회가 발족했다. 위원회는 서울 소공동 반도호텔을 인수해 최고급 호텔을 건설하기로 결정했다. 반도호텔은 1938년 개관한 호텔이다. 경제기획원에서 사업인가를 받은 설립추진위원회는 1973년 5월 호텔롯데 법인을 출범시켰다.

호텔롯데는 1979년 3월 개관식을 갖고 그랜드 오픈했다.

당시 호텔 전문가 등은 한국 경제 상황을 감안해 최대 250~300실 이상 만들 수 없다고 조언했다. 하지만 신격호 명예회장은 일본 최고층 호텔보다 더 높은 50층, 1000실로 만들라고 지시했다. 한국 경제 발전을 내다보고 내린 선견지명이었다. 하지만 청와대 경호 문제 등의 이유로 처음 설계보다 낮은 38층으로 완공됐다.

호텔 완공 이후 호텔 운영 경험이 전혀 없던 실무자들은 하얏트와 힐튼 등 외국 브랜드 도입을 검토했다. 하지만 신격호 명예회장 생각은 달랐다. 그는 "외국 기업에 로열티를 주고 싶지 않다"며 한국에서는 최초로 독자 브랜드로 운영할 것을 지시했다.

신격호 명예회장은 "훌륭한 예술 작품을 조국에 남기고 싶었던 평소의 간절한 소망과 일념으로 호텔롯데를 건설하게 됐다"며 "우리 기술로 건설해 우리 손으로 경영하는 호텔롯데가 앞으로 우리 국민 모두의 자랑이 되고 관광한국의 초석을 다지는 데 한몫하게 되기를 기원한다"고 말한 바 있다.

지상 33층, 지하 3층으로 구성된 비원 프로젝트의 초기 단면도

조국 대한민국을
사랑했던 재계 거인

2장

•

신격호의 꿈과 철학

롯데월드타워

### ** 잠실 개발

잠실은 원래 한강에서 뻗어 나온 신천 지류와 한강 본류가 둘러싼 사실상의 모래섬이었다. 서울시는 잠실 일대를 매립해 택지를 확보하고자 '잠실지구 공유수면 매립'에 나섰다. 시는 1970년부터 3년여에 걸쳐 이 지역에 한강 개수 공사를 실시했다. 한강 본류를 매입하고 신천 지류를 확장해 한강 흐름을 바꿔 놓고, 여기에 제방을 쌓아 시설물이 들어설 수 있게 부지를 조성했다. 석촌호수도 이때 탄생했다.

당시 허허벌판의 부지는 율산그룹에 매각됐다. 율산은 이곳에 호텔과 유통관광단지를 조성하려 했다. 하지만 사업 시행 중 그룹이 해체되면서 사업이 중단됐다.

잠실 부지는 한양그룹으로 넘어갔다. 한양은 이곳에 유통센터를 건설해 고소득층과 관광객을 유치하려 했다. 그러나 한양 역시 부도가 나면서 사업은 표류했다. 결국 정부가 나서서 새로운 사업자를 물색했다.

1978년의 석촌호수

　이때 신격호 명예회장이 이 땅에 주목했다. 당시만 해도 잠실은 서울 도심에서 먼 외곽인 데다 주변 일대가 황무지였다. 잠실 등 부도심 개발 플랜 윤곽도 아직 알려지지 않았던 시절이었다.

　그러나 신격호 명예회장은 미래를 내다봤다. 사람들을 끌어모을 수 있는 호텔과 백화점, 레저시설 등을 만든다는 계획이었다.

　물론 당시 롯데 임직원들의 반응은 회의적이었다. 그때만 하더라도 일부 아파트를 제외하고는 허허벌판이었던 잠실벌에

1호 韓商 신격호

대형 호텔과 백화점, 놀이시설을 짓는 것에 과연 사업성이 있겠느냐는 우려 때문이었다.

회의적인 시선에도 불구하고 롯데는 신격호 명예회장의 구상에 따라 이곳을 롯데월드로 명명했다. 특히 서울이 1986년 아시안게임과 1988년 올림픽 개최지로 확정되면서 그의 구상은 탄력을 받게 됐다.

"롯데월드를 통해 한국의 관광산업은 문화유산 등 있는 것을 보여주는 단계에서 볼거리를 만들어서 제공하는 수준으로 발전시켜야 한다."

롯데호텔월드의 위치는 올림픽 주경기장이 있는 잠실지역으로 결정됐다.

롯데호텔월드는 1985년 8월 공사가 시작됐다. 88 서울올림픽 개막 이전에 완공하는 게 목표였다. 이 호텔은 올림픽 방송기자단 투숙호텔로 지정됐다. 1988년 8월 부분 개관에 이어 9월 전관을 개관했다. 미국 NBC 방송단과 영국 BBC 등 전 세계 방송기자단과 올림픽 참관자들이 투숙했다.

롯데호텔월드는 505객실을 갖춘 초일류 호텔로, 모든 객실이 주변을 넓게 조망할 수 있는 탁 트인 전망을 갖췄다. 2006년엔 3년간의 리노베이션을 마치고 새롭게 오픈했다.

1987년 롯데월드 공사 현장

### ✼✼ 청년의 꿈, 도전 정신의 실현
### 롯데월드어드벤처

세계 최대의 실내 테마파크 롯데월드어드벤처 탄생도 신격호 명예회장의 꿈과 정신이 담겨있다. 신격호 명예회장은 평소 가족이 한자리에 모여 즐거운 시간을 갖는 곳을 꿈꿔왔다. 기업은 영리가 목적이라고 하나 신격호 명예회장이 생각하는 꿈은 기업을 통해 '가족, 즐거움'이라는 별도의 정신을 실현하는 것이다.

신격호 명예회장이 1980년 후반 잠실에 롯데월드어드벤처를 제안했을 때 사내 임원들 대부분이 말렸다. 이유는 한 가지 "수익이 나지 않거나, 적다"는 것이다.

그러나 그는 가족들의 즐길 공간을 찾기 위해 전 세계 곳곳을 다니며 고민했고, 마침내 겨울의 도시 캐나다 앨버타주 '웨스트 에드먼턴 몰'을 직접 찾아 영감을 얻었다.

에드먼턴은 북위 53도에 위치해 겨울에는 기온이 영하 40

도까지 떨어지는 곳인데, 실내 테마파크인 웨스트에드먼턴몰은 쇼핑, 스케이팅, 테마파크 등을 갖추고 있어 날씨와 무관하게 시민들이 애용하는 명소다. 신격호 명예회장은 이곳을 보면서 자신감을 얻었다.

그리고 임원들을 설득했고, 오늘날의 실내 동화도시 '롯데월드어드벤처'를 1989년에 열었다. 1990년에는 국내 최초 호수공원 매직아일랜드가 문을 열었다. 롯데월드 전관 개관을 의미하는 매직아일랜드 개관식에는 고 김대중 전 대통령, 고 김종필 전 총리, 고 박태준 포스코 명예회장, 고 나카소네 전 일본 총리 등 국내외 저명인사들이 참석했다.

롯데월드는 현재 세계 최대 규모의 실내 테마파크로 기네스북에 등재돼있다.

신격호 명예회장은 1995년 관광산업 분야에서는 최초로 금탑산업훈장을 수훈했다. 관광산업을 국가전략 산업으로 끌어올린 공로를 인정받은 것이다.

1987년 11월 롯데월드 상량식 후 현장을 둘러보는 신격호 명예회장

1990년 3월 롯데월드 매직아일랜드 개관 기념 테이프 커팅

1995년 관광진흥금탑산업훈장 수훈

1989년 7월 롯데월드어드벤처 개관
행사 '마법의 태양 점등식'에서 점등
버튼을 누르는 신격호 명예회장 내외

한·일 양국 귀빈들과 롯데월드를 둘러보는 신격호 명예회장

## ** 롯데월드타워

롯데월드타워는 신격호 명예회장의 '평생의 꿈'이자 '열망'이었다. 1987년 사업을 시작해 2017년 결실을 맺었다. 반대 등 온갖 난제에도 30년간 밀어붙인 결과다.

신격호 명예회장은 1987년 롯데월드타워 사업을 구상하고, 1988년 서울시로부터 용지 약 8만6000㎡를 매입했다. 이듬해 실내 해양공원을 중심으로 호텔, 백화점, 문화관광홀 등을 건립하겠다는 사업계획서를 서울시에 제출했으나 반려됐다. 신격호 명예회장은 "언제까지 외국인 관광객에게 고궁만 보여줄 수 없다. 대한민국을 상징하는 건물을 세우겠다"며 롯데월드타워 건설 계획을 포기하지 않았다.

2011년 지상 123층·높이 555m의 초고층 빌딩을 포함해 연면적 80만5782㎡에 이르는 롯데월드타워 전체 단지의 건축 허가가 승인됐다. 그리고 2017년 4월 롯데 창립 50주년을 맞아 롯데월드타워는 위용을 드러냈다. 약 35년에 걸친 신격호 명예회장의 집념이 결실을 맺은 순간이었다.

롯데월드 등을 기획했던 건축가 오쿠노 쇼 씨는 "신격호 회장은 납득될 때까지 시간이 얼마가 걸리든 회의를 계속해서 진행했다. 그 배경에는 '사업은 시작 단계가 가장 중요하다'는 흔들림 없는 신념이 있었다"고 전했다.

신동빈 롯데그룹 회장은 "인생의 마지막 용기로 이루어 낸 123층 초고층 빌딩 롯데월드타워는 신격호 명예회장님의 용기와 도전을 상징하는 프로젝트"라며 "어려운 환경 속에서도 회장님의 용기와 도전은 한 번도 쉰 적이 없었고, 마침내 '롯데월드타워'라는 대한민국 랜드마크를 세우는 결실을 맺었다"고 말했다.


롯데월드타워는 험난한 과정을 거쳐 탄생했다. 그리고 여기에는 신격호 명예회장의 기업가 정신이 담겨있다.

롯데는 1987년 12월 14일 잠실 롯데월드타워 부지 8만7천㎡를 매입했다. 서울올림픽 주경기장이 완공되고 잠실 개발이 한창이던 때였고 '시월드 Sea World'라는 일종의 실내 해양공원을 조성하고 이를 중심으로 지상 33층 규모의 호텔, 백화점, 문화관광홀 등을 건설할 계획이었다. 그런데 그 무렵 북한이 105층 높이의 초고층 유경호텔을 건설한다는 계획이 알려졌고 1987년 본격적인 공사에 착공하며 의욕을 보였다. 그러나 당초 계획보다 지연되더니 1992년에 들어서는 자금 부족으로 공사가 중단되어 한동안 평양 시내에 거대한 흉물로 방치되기까지 했다.

북한의 유경호텔 건설 계획이 자극이 되어 1990년 4월 애초 계획을 100층 이상 규모로 호텔과 백화점, 면세점 등을 건설키로 했으나 우여곡절이 많았다. 단순히 건물 욕심이 아니라 "경복궁 같은 고궁 외에도 한국을 상징하는 새로운 공간, 사람들을 매료시킬 수 있는 축조물을 만들어 보자"는 신념이었다. 또한 애초부터 신격호 명예회장은 롯데월드타워를 세계 최고층 건물로 만들고 싶은 생각이 있었다.

롯데월드타워는 1987년에 매입한 땅에 2011년이 돼서야 비로소 주춧돌을 놓았고 그 주춧돌을 놓기까지 20년이 넘는 세월 동안 23번이나 마스터플랜을 변경했다. 그 사이 세계 최고층 건물에 대한 꿈은 물거품이 되었고 싱가포르, 말레이시아, 중국, 두바이 등 아시아 각국에 초고층 건물이 속속 채워졌다. 그나마 롯데월드타워 478m에 설치한 유리바닥 전망대 <sub>스카이데크</sub>가 세계에서 가장 높은 유리바닥 전망대로 인정받았다는 게 하나의 위안이었다.

초고층 건물은 막대한 투자와 고용 창출 효과로 경기 활성화에 크게 기여하는 사업이었다. 롯데는 2002년 9월 송파구

82

에 지하 4층, 지상 112층, 높이 555m 초고층 빌딩 건립안을 제출했다. 2009년 롯데건설 건축사업본부는 초고층팀을 신설하고 롯데월드타워 공사를 위한 준비단계에서 전문인력 확충 및 양성에 힘썼다.

롯데건설은 기획-시공-공사관리 등 공사의 전 과정을 도맡았다. 외관은 미국 초고층 전문 건축설계회사인 KPF사에서 한국 전통 건축물의 유려한 곡선미를 모티브로 디자인했다. 서울 도심에 무심한 듯 붓으로 한 획 그은 것 같은 깔끔한 디자인이 주요 콘셉트였다.

최상부는 봄, 생명, 성장을 의미하는 새순을 형상화했다. 타워 곡선은 고려청자나 한옥 건물의 처마 끝 등과 같은 한국 전통 소재가 지난 선의 흐름을 이미지화했다. 건물 구조 설계는 미국 LERA사가 수행했고 검증은 미국 TT사에서 진행했다.

롯데월드타워 부지에 초고층 건물 시공을 위한 상세 지반조사를 두 차례 실시했다. 한국지반공학회의 지표 지질조사 결과와 세계적인 지반 설계업체인 영국계 엔지니어링 회사 애럽의 지반 정밀분석을 거쳐 기초설계를 수행했다. 호주 코피사의 설계 컨설팅과 미국 에이콤사의 제3자 기술검토를 통해 안정성을 재확인했다.

2011년 7월부터 골조공사가 시작됐다. 그해 연말 지상 1층 정도의 건물이 형태를 드러냈다. 롯데월드타워에 적용된 설계와 핵심 기술들은 이전의 대한민국 건축사에서는 볼 수 없던 것들이 많았다. 매 순간이 새로운 시도였고 모든 결과는 대한민국의 신기록이라 해도 과언이 아닐 정도다.

에비뉴엘과 롯데월드몰은 브릿지로 연결됐다. 에비뉴엘은 축구장 네 배 크기에 상당하는 3만㎡ 부지에 지하 1층 지상 8층 규모였다. 롯데월드몰 지하 1~2층에는 1만5633㎡ 크기 아쿠아리움이 계획됐다.

2036석을 갖춘 국내 최초 빈야드식 클래식 전용 콘서트홀인 '롯데콘서트홀'은 2016년 8월 개관했다.


2015년 3월 24일 롯데월드타워가 국내 건축물 최초로 100층을 돌파했다. 착공 4년 5개월 만이었다. 이날 롯데월드타워 76층에서는 '100층 돌파 기념식'이 개최됐다.

그해 10월 12일에는 롯데월드타워 첨탑부에 초대형 다이아그리드 구조물을 세계에서 가장 높은 자리에 설치했다. 이는 댓살을 교차시켜 만든 죽부인의 구조에서 착안한 원리로 기둥 없이 건물의 무거운 하중을 견딜 수 있는 기술이 적용됐다. 높이만 120m에 달하는 초대형 구조물로 자리매김했다.

2015년 12월 외부 공사가 마무리되고 내부 공사를 시작하기 전에 상량식을 가졌다.

당시 신동빈 회장은 "오늘은 롯데월드타워의 123층 대들보를 올리는 역사적인 순간"이라며 "조국의 랜드마크를 남기겠다는 아버님의 뜻에 따라 세워진 타워는 대한민국 랜드마크를 넘어 전 세계에서 사랑받는 건축물이 될 것"이라고 밝혔다.

내부 공사 기간 2016년 4월부터 롯데월드타워의 타워크레인 해체가 시작됐다. 해체물을 지상으로 전달하기까지 117일이 걸렸다.

롯데월드타워는 2017년 4월 3일 오픈식을 열었다. 신격호 명예회장의 꿈이 이뤄진 순간이었다. 타워는 높이 기준 세계 5위 건물이 됐다.

신동빈 롯데 회장은 "롯데월드타워는 올해 창립 50주년을 맞이한 롯데의 뉴비전의 시작"이라며 "우리나라의 위상을 높이고 대한민국이 다시 도약하는 기회가 되길 희망한다"고 말했다. 또한 "그동안 수많은 어려움이 있었다"며 "힘에 부칠 때도 있었지만 아버님을 필두로 수많은 파트너와 여러분들의 힘으로 위기를 헤쳐 나가 랜드마크를 넘어 국가의 자부심이 됐다"며 그랜드 오프닝을 축하했다.

롯데월드타워 그랜드오프닝

글로벌
석유화학 기업으로의
도전

신격호 명예회장은 젊어서부터 화학에 관심이 많았다. 함경
도 명천종양장에서 일하던 시절 명주탄광을 보며 화학에 눈
을 떴다. 석탄에서 휘발유를 추출하는 석탄액화에 대한 이야
기를 들으며 화학공학에 대한 호기심을 가지게 됐다.

일본으로 건너간 후 와세다고등공학교에서 응용화학을 공
부했다. 플라스틱 제조와 니트로글리세린으로 다이너마이트
를 만드는 제조법을 실험하는 등 신격호 명예회장은 화학 공
부에 매진했다. 와세다고등공학교는 후일 와세다대 이공학부
에 흡수 통합됐다.

중화학사업 진출을 엿보던 신격호 명예회장에게 드디어 기
회가 찾아왔다. 1978년 한국 정부는 여천석유화학단지 내 호
남에틸렌과 호남석유화학을 민영화한다고 발표했다. 호남석
유화학은 정부가 중화학공업 육성 정책의 일환으로 여천석유
화학단지를 조성하면서 설립한 국영기업이었다.

그리고 1979년 롯데가 호남석유화학을 인수하면서 비로소 신격호 명예회장은 중화학기업의 꿈을 이루게 됐다. 그해 호남석유화학은 여천단지 내 3개 공장을 완공하고 고밀도 폴리에틸렌 HDPE, 폴리프로필렌 PP, 에틸렌옥사이드 EO 와 에틸렌글리콜 EG 의 상업 생산을 시작했다.

호남석유화학은 현대석유화학과 케이피케미칼 등 국내 유화사와 말레이시아 타이탄케미컬 등을 인수하며 롯데그룹 성장의 한 축으로 성장했다. 호남석유화학은 2012년 롯데케미칼로 이름을 바꿨으며, 롯데케미칼은 2021년 매출 18조1205억 원, 영업이익 1조5356억 원을 기록했다. 22개국에 진출해 26곳의 생산기지를 설립했고, 총 120여 개 국가에 수출하고 있다.

롯데의 화학사업은 글로벌을 향해 도전 중이다.

인도네시아에서는 화학군을 중심으로 대규모 사업을 본격화 중이다. 신동빈 롯데 회장은 2022년 8월 29일 롯데의 해외 투자 중 최대 규모인 인도네시아 '라인 프로젝트' 현장을 방문해 프로젝트 진척 상황을 점검하고 직원들을 격려했다.

인도네시아 반텐주에서 총 39억 달러를 투자해 추진 중인 '라인 프로젝트'는 롯데케미칼이 자회사인 롯데케미칼타이탄과 합작해 납사크래커 NCC 를 건설하고 기존 폴리에틸렌 PE 공장과 수직계열화를 완성하는 초대형 석유화학단지 조성 사업이다. 프로젝트 완공 시엔 연간 에틸렌 100만 톤, 프로필렌 PL 52만 톤, 폴리프로필렌 PP 25만 톤 및 하류 제품을 생산할 수 있다.

또한 '라인 프로젝트'는 인도네시아 최초의 납사크래커 건설 사례로 전체 석유화학제품 수요의 50%가량을 수입으로 해결하고 있는 인도네시아 석유화학산업 발전의 토대를 구축하는 계기도 될 것으로 보인다.

김교현 롯데케미칼 부회장은 "롯데케미칼은 동남아 시장의 성장 가능성과 석유화학제품 수요 증가를 선제적으로 예측하고 라인 프로젝트를 추진해왔다"며 "롯데케미칼의 글로벌 사업경쟁력 강화와 인도네시아 경제성장 및 고용 창출에 기여할 것으로 기대된다"고 말했다.

롯데케미칼은 글로벌 청정에너지 보급과 탄소 저감 성장을 위한 수소산업도 추진하고 있다.

국내를 비롯한 해외 청정 수소생산 및 유통, 활용에 이르는 인프라 구축 등 중장기적인 투자와 유관기업과의 파트너십 구축으로 대한민국 수소산업의 주도권을 확보해 나갈 계획이다. 2030년 수소·암모니아 목표 매출은 5조 원이다.

롯데케미칼은 또한 배터리·친환경모빌리티 수요 확대에 발맞춰 배터리소재사업을 확대하고 있다. 롯데그룹 화학군을 중심으로 한 계열사 및 핵심기술을 보유한 기업과의 협업을 추진하고 다각화된 배터리소재 개발을 통해 글로벌 배터리전문소재 공급업체로 성장한다는 목표다.

1979년 9월 호남석유화학의 첫 폴리프로필렌(PP) 제품 출하

1979년 호남 석유화학 주식인수

롯데케미칼 울산 공장 전경

롯데케미칼 미국 공장 전경

조국 대한민국을
사랑했던 재계 거인

건설인 신격호

롯데는 1976년 우진건설을 인수하며 건설업에 진출했다. 우진건설은 롯데에 인수된 후 롯데건설로 회사 이름을 바꿨다.

또한 롯데는 1978년 평화건업의 은행 부채를 승계하고 지분 64%를 인수했다. 앞서 평화건업은 1976년부터 옛 반도호텔 자리에 건설 중인 호텔롯데의 굴착 및 기초콘크리트 공사를 맡았다. 이때부터 신격호 명예회장은 평화건업의 형편을 잘 파악하고 있었다.

이 시기 롯데는 해외건설업체 인수를 검토하고 있었다. 주택 및 그룹 공사를 맡고 있는 기존 계열사 옛 롯데건설 는 해외시공 관련 면허를 보유하고 있지 않아서 해외 진출이 불가능했다.

롯데는 1979년 9월 롯데건설을 평화건업에 흡수합병시켰다. 롯데평화건설은 두 회사의 합병으로 주택건설지정업체뿐 아니라 해외건설 진출업체의 자격을 보유하게 됐다.

1980년 신격호 명예회장은 그룹 목표 달성을 독려하면서 적극적인 마케팅 전개, 수익성 증대기반 조성, 조직력 강화와 책임경영체제 구축 등을 강조했다.

이를 경영의 기본방향으로 삼은 롯데평화건설은 조직체계 정비와 분위기 쇄신에 집중했다. 사명도 변경했다. 롯데의 일원으로서 일체감을 높여 계열사 간 연대를 돈독히 해야 한다는 지적이 나오고 있었다.

1981년 3월 회사 이름을 '롯데건설주식회사'로 변경하고 상업등기부에 등재했다.

1982년부터 17년간 롯데건설 사장으로 일한 이상순 전 사장은 신격호 명예회장과의 첫 만남을 들려줬다. 그는 철도청 건설국장과 삼익건설 부사장 등을 거쳐 롯데에 합류했다.

"1982년 어느 날 롯데그룹에서 연락이 왔어요. 신격호 명예회장이 찾는다고. 학교로, 갈지, 기업체로 갈지 망설이고 있던 참이었죠. 자신의 집무실 옆에 방을 줄 테니 롯데건설에 대한 경영분석을 해달라고 하시는 겁니다. 그 결과를 보고하자 롯데건설을 맡아달라고 말씀하셨습니다. 그 막대한 누적적자를 해소하는 데 6년이 걸렸습니다."

신격호 명예회장은 이상순 전 사장과 함께 베트남 호찌민시 등을 비롯한 인근 신도시를 둘러보며 부지 매입 계획을 수립하거나, 러시아에서 호텔, 백화점, 오피스 건설을 추진했다.

이 전 사장은 "한번은 공원묘지 개발 사업계획을 보고했습니다. 큰 수익성을 낼 거라고 말입니다. 그러나 신격호 명예회장님은 '롯데는 식품사업을 하고 있다'며 일언지하에 거절했습니다. 역시 생각하는 그릇의 크기가 다르구나 하는 느낌을 가졌습니다"고 전했다.

삽교천 방조제와 롯데

1979년 10월 26일 충남 당진군 신평면 운정리에서 삽교천 방조제 공사 준공식이 열렸다.

이날 준공식에 참석한 박정희 대통령은 "이 우람한 방조제와 호수는 우리가 지난 2년 10개월 동안 불철주야 산을 깎고 바다를 막아 쌓아 올린 땀의 결정이며, 국토개발에 있어 또 하나의 우렁찬 개가입니다. 바닷물의 역류를 막고 강물을 담게 될 이 다목적 방조제는 길이가 무려 10리에 가까운 국내 최장일 뿐 아니라 8400만 톤 저수량의 바다를 막아 인공 담수호로서도 첫 손가락에 꼽히는 것입니다"라고 치사했다.

바다를 옥토로 바꾼 삽교천 방조제에는 신격호 명예회장의 기업가 정신이 스며들어 있다. 방조제 공사는 롯데건설이 담당했다.

1976년 12월 착공 후 공사현장에서는 요란한 발파 소리가 끊이질 않았다. 하루 1500여 명의 기술자와 근로자들이 땀을 흘렸다. 2000톤급 준설선을 비롯해 17척의 선박과 140대 불

도저, 덤프트럭, 콤프레샤 등이 작업을 진행했다.

특히 제방축조는 난공사였다. 만조 시 1억4000만 톤, 간조 시 7000만 톤의 조수가 공사장 안으로 밀려왔다.

이에 현장에서는 철망태공법을 고안해냈다. 바다 밑에 플라텍스와 가마니를 엮어 만든 매트를 깔고 그 위에 다시 직경 1m의 철 망태에 돌을 넣어 집중 투하하는 공법이다. 최대 너비 168m, 높이 12~18m에 이르는 방조제가 완공되자 8400만 톤의 물을 가둘 수 있는 인공 담수호가 완성됐다.

이후 충남 당진, 아산, 예산, 홍성의 4개군 22개면의 2만 4700ha에 달하는 농토가 관개 혜택을 받게 됐다. 서울·당진 간 육로거리는 40km 단축됐다.

서울·대구 간 거리보다 더 긴 389km의 용수로를 신설하는 공사에는 연인원 41만4200명이 투입됐다.

조국 대한민국을
사랑했던 재계 거인

인재를 중시했던
신격호 명예회장

신격호 명예회장은 사업의 규모가 커지면서 인력의 중요성을 인지했다.

롯데는 1964년 말경에 처음으로 대졸 신입사원 공채를 실시했다. 이들이 공채 1기생들이다.

특이한 것은 한국 대학생들도 채용대상에 포함했다는 점이다. 한국 청년들이 어떻게 성장했는지 궁금하기도 하고, 앞으로 한국에 진출할 때 한국 사정을 잘 아는 인재가 필요하다는 이유에서였다. 이들에게는 입사 전형에 참가하는 데 불편함이 없도록 서울에서 시험을 치르도록 했다.

전형 결과 합격자 가운데 6명의 한국 청년이 선발되었다. 전공 분야로는 화공, 기계, 전기 분야에서 각각 2명씩이었다.

이후 인재개발원에 1900억 원을 투자한 롯데그룹은 2022년 1월 경기도 오산에 설립한 롯데인재개발원을 새롭게 오픈했다. 기존 인재개발원을 리모델링하여 미래 환경에 대응하고 창의적인 학습과 소통이 가능하도록 했다.

오픈식에는 신동빈 롯데 회장을 비롯해 각 사업군 총괄대표, 롯데지주 및 계열사 대표 등 70여 명이 참석했다. 롯데는 이날 신격호 명예회장 서거 2주기를 기리기 위해 추모 제단을 설치하고, 참석자들은 자율적으로 헌화했다.

오산 인재개발원은 대지면적 약 6만㎡ 1만8000평 에 연면적 약 4만6000㎡ 1만4000평 규모로 3개 건물 학습동 1개, 숙소동 2개 로 구성됐다.

연면적은 기존 캠퍼스 대비 3배가량 커졌다. 학습동은 49개 강의실로 구성되며, 학습 인원은 동시에 최대 1475명까지 수용할 수 있다.

그룹 역사가 기록된 벽이 설치됐으며, 신격호 명예회장 관련 콘텐츠도 있다.

오산캠퍼스는 MZ세대의 소통 방식을 고려해 자유로운 토의가 가능한 형태의 강의실을 마련한 것이 특징이다. 원형 강의실에 계단식으로 좌석을 배치하고 300인치 대형 스크린을 설치해 화상회의도 가능하도록 했다.

분임토의실, 프로젝트룸 등 협업과 시너지를 이끌어낼 수 있는 학습실도 있다. 숙소동은 1인실 286개로 구성돼있다. 일부 객실은 2인 가변형으로 운영 가능해 최대 482명까지 수용 가능하다.

롯데인재개발원 오산연수원

롯데인재개발원 오산연수원 내부

오산캠퍼스는 위드코로나 환경과 MZ세대 학습 트렌드를 고려해 DT 시설도 강화했다. 인터넷, 모바일용 콘텐츠를 제작할 수 있는 장비를 갖춘 스튜디오 2곳을 마련했다.

또한 별도의 애플리케이션 개발을 통해 이용자들이 스마트폰으로 건물의 입·퇴장, 숙소 내 조명·전자기기 컨트롤 등을 손쉽게 할 수 있도록 IoT 환경을 구축했다.

중대재해처벌법 시행 등으로 기업의 철저한 안전관리 중요성이 더욱 커지고 있는 만큼 임직원의 안전의식 고취를 위해 안전체험장 공간도 구성했다. VR 등을 통해 추락·화재 체험을 가상으로 경험해 볼 수 있다.

또한 다양성 존중을 위해 기도실과 장애인 전용 숙소도 마련했으며, 퇴직 임직원의 새로운 인생을 돕는 커리어 컨설팅센터도 운영하고 있다.

캠퍼스 내 대규모 숲 산책로를 조성하고 피트니스실 등을 갖추는 등 임직원의 심신 건강과 휴식을 위한 공간도 강화했다.

롯데는 오산캠퍼스를 임직원 교육 공간뿐 아니라 사회적 학습공간으로 활용한다는 방침이다. 지자체와 연계한 평생교육 프로그램뿐만 아니라 파트너사에도 교육 프로그램과 공간을 제공할 계획이다.

인재개발원에는 '인재'를 중시했던 신격호 명예회장의 경영 철학이 담겨있다.


오산캠퍼스 부지는 1988년 신격호 명예회장이 공장을 짓기 위해 매입했으나, 이후 인재양성을 위해 인재개발원을 건립하는 방향으로 변경됐다.

1993년 1월 개원해 신입사원과 핵심인재 교육 프로그램 등을 진행하며 롯데 인재 육성의 요람으로 자리매김해왔다.

2019년 9월 신동빈 회장은 리모델링 공사현장을 직접 방문해 점검하며 인재육성의 중요성을 강조하기도 했다. 당시 신 회장은 "인재 육성에 대한 지원은 결국 롯데의 미래에 대한 투자"라며 "오산캠퍼스를 기업의 미래를 책임질 동량을 키워낼 최고의 시설로 꾸미는 데 투자를 아끼지 말아달라"고 주문했다.

한편 롯데는 2022년 9월 김희천 고려대학교 경영학과 교수를 롯데인재개발원장으로 선임했다. 2022년 4월 롯데지주 내 외부 인재 영입을 전담하는 스타 STAR 팀 신설 이후 첫 번째 CEO급 영입이다.

김 원장은 경영학 전반에 걸쳐 거시적 안목을 보유하고 있으며, 인사 조직에 대한 전문성을 기반으로 대기업과 활발한 협업도 진행해왔다. 현장에서 적용되는 이론에 대한 높은 이해도를 통해 사업전략 파트너 역할의 HR을 강조해왔던 만큼, 인재개발원을 '전문가 조직 Center of Excellence'으로 육성하고 선제적으로 계열사 HR의 다이나믹한 변화를 주도할 것으로 기대된다.

조국 대한민국을
사랑했던 재계 거인

기업의 목적은
돈이 아니라 사람

1983년 설립된 롯데장학재단은 기초과학 전공자를 중점적으로 지원하는 장학재단이다. 지식정보화 시대를 이끌어 갈 인재를 육성한다는 목표 아래 집안 형편이 어려운 우수학생들에게 장학금을 지급하는 사업을 하고 있다.

국제경쟁력을 갖춘 과학자들에게 기초자연과학 연구를 하도록 지원하거나, 벽지의 농어촌 학교에 최신 컴퓨터와 체육 기자재 등을 보내는 일도 한다.

재단 설립 이후 2020년까지 지원된 장학금은 약 800억 원, 수혜자는 5만 명을 넘었다.

재단의 장학금으로 공부한 수혜 학생들이 재단에 감사편지를 보낼 때가 종종 있다. 신격호 명예회장은 그 편지를 읽는 것은 적잖은 즐거움이었다. 집안 형편이 아주 어려웠던 어느 학생이 훗날 훌륭한 과학자가 된 사실을 알게 되었을 때는 기업을 하는 사람으로서의 보람도 느꼈다.

1994년 8월에 설립한 롯데복지재단은 산업연수생으로 한국에 와 피해를 당한 외국인 근로자와 조선족 동포들을 돕는 활동을 펼치고 있다.

신격호 명예회장은 재단설립 취지에 대해 "우리나라에 와 있는 외국인 근로자들에게는 산업재해를 입고도 보상을 받지 못하는 딱한 사정이 있다고 한다. 비록 불법체류자라 하더라도 코리안드림을 안고 온 외국인 근로자들이 서러움을 안고 돌아가게 해서는 안 된다. 산업재해로 노동력을 상실한 근로자가 많은 현실이 안타깝다. 아무런 법적 보호를 받지 못하는 이들을 제도적으로 구제하는 사업을 중점적으로 전개할 것이다."라고 밝혔다.

롯데복지재단은 산업재해뿐 아니라 임금 체불, 사기 등으로 피해를 당한 외국인 근로자, 조선족 동포를 주 대상으로 하고 있지만 보육원, 경로원, 장애인 재활시설, 소년 소녀 가장 학생, 결식 학생 등으로 지원대상을 넓혀 가고 있다.

신격호 명예회장은 "멀리 보고 함께 가는 길, 그것이 진정한 기업의 길이라고 믿는다. 롯데는 더 많이 나누고 더 많이 봉사하는 미래를 지향할 것이다. 나는 결코 나의 재력을 과시하기 위해 기부나 봉사 사업을 벌이지 않는다. 기업을 영위하는 목적은 궁극적으로는 돈이 아니라 사람을 행복하게 하는 것 아닌가. 나는 장학·복지재단 활동을 자랑하지 않았다. 마음이 시켜서 하는 일이지 남에게 과시하기 위한 활동이 아니기 때문이다. 누군가를 돕는 일이 앞으로도 자랑거리처럼 떠들어지지 않았으면 좋겠다. 도움을 받는 사람들 입장에서 보면 더더욱 그럴 것이다"라고 강조했다.

신격호 명예회장은 2009년 사재 570억 원을 출연해 롯데삼동복지재단을 설립했다. 울산·울주 지역의 소외계층을 돕고 인재육성을 지원하고자 설립한 이 재단은 여러 가지 지역사회 공헌사업을 펼치고 있다.

매년 상·하반기 가정형편이 어려운 학생과 성적이 우수한 학생을 선발해 장학금을 지급하고, 울산지역 예체능 우수학생에게도 장학금을 전달하고 있다.

신격호 명예회장이 1934년 5회로 졸업한 인연으로, 롯데삼동복지재단은 울산 삼동초등학교에 매년 어린이날을 전후해 장학금과 수학여행 경비를 지원하고 있다.

경영철학

## ** 정직한 기업가 정신

산업불모지인 모국에 기업을 일으켜 국가와 사회에 일익을 담당한다는 신격호 명예회장의 일념은 창업 초부터 지금까지 퇴색되지 않고 있다. 신격호 명예회장의 경영철학은 정직과 봉사, 그리고 정열로 압축된다.

기업의 존재 이유는 생산 활동을 통해 인간의 행복에 기여하는 데 있으며, 이로써 사회와 국가에 봉사하는 것이므로 무엇보다 정직한 기업 정신이 요구된다. 정직한 기업 정신을 바탕으로 한 정열적인 활동 즉, 온 힘을 기울여 매진하는 정성스러운 기업인의 자세가 뒷받침되고 있는 것이다.

또 하나 시작한 사업이 최고의 경쟁력을 갖출 때까지 다른 부분을 엿보지 않는 신격호 명예회장의 경영 소신은 유명한데 이는 그동안 손을 댄 사업이 대부분 우리나라에서 최고를 차

지하고 있는 것에서도 드러나고 있다. 롯데제과, 롯데칠성음료, 호텔롯데, 롯데쇼핑, 롯데월드 등이 모두 동 업계에서 최고의 경쟁력을 갖추고 업계를 선도해 나가고 있는 것이 그 증거다.

## ** 잘할 수 있는 일에서 최고의 경쟁력을 발휘

"잘하지도 못하는 분야에 빚을 얻어 사업을 방만하게 해서는 안 된다. 잘 알고, 잘할 수 있는 분야에서 미래사업 계획을 강구해 신규 사업 기회를 선점해야 한다."

신격호 명예회장이 계열사 사장들에게 자주 강조하는 이 말은 롯데그룹의 경영특징을 잘 대변해 준다. 제품에 대한 철저한 연구와 애정은 신격호 명예회장에게 '실패를 모르는 기업인'이라는 애칭이 붙을 정도다.

이처럼 신격호 명예회장은 롯데가 취약한 부분을 보완하거나 롯데가 가장 잘하는 분야에 힘을 집중할 것을 주문한다.

신규 사업은 기존 사업과 시너지를 창출할 수 있고, 핵심사업 역량을 강화하는 차원이며, 평소 신격호 명예회장의 경영철학과도 일치하는 것이다.

주위에서 명실상부한 그룹이 되려면 중공업이나 자동차 같은 제조업체를 하나쯤 갖고 있어야 하지 않느냐며 건의하자 신격호 명예회장은 "무슨 소리냐, 우리의 전공 분야를 가야지"라며 일축했다.

자신 있는 업종을 선택해 이를 전문화·집중화해 일단 사업이 시작되면 동종업계에서 최고의 경쟁력을 갖출 때까지 다른 분야를 넘보지 않는 경영철학도 빚 없는 경영과 밀접한 관련이 있다.

## ☀ 화재 등 안전사고 예방에 최우선

신격호 명예회장은 화재 등 안전사고 예방에 철저하게 신경을 썼다. 롯데는 백화점과 롯데월드 등 많은 사람이 모이는 시설들이 많아 유사시 큰 피해를 볼 수 있기 때문이다. 신격호 명예회장은 틈만 나면 현장을 불시 점검하고 사고의 사전 예방을 강조했다.

신격호 명예회장의 이러한 의지 때문에 호텔과 백화점 등 롯데의 모든 시설물은 우리나라의 현행 안전법규를 훨씬 초과한 방재 시설과 장비들을 갖추고 있다. 이렇게 신격호 명예회장의 화재 예방에 관한 관심은 일반인이 보기에 지나칠 정도여서 소방당국도 혀를 내두른다는 평가다.

실제로 신격호 명예회장은 롯데호텔이 준공되고 처음 둘러보는 자리에서 담당 직원을 불러 복도의 천장을 깨라고 지시했다. 이제 막 새로 지은 건물을 부수라고 한 것이다.

신격호 명예회장은 천장에 직접 랜턴을 비춰 보면서 복도와 객실이 완전히 분리되어 있는지를 일일이 살펴봤다. 불이 났을 경우 방화구획이 제대로 되어 있는지를 확인한 것이다.

또한 그는 호텔 객실의 담요와 커튼에 대한 불연성 테스트를 직접 지켜보고, 법규와 관계없이 모든 객실에 가스 마스크를 비치토록 했다.

신격호 명예회장은 야간에도 불시에 복도나 매장 등을 둘러보다가 복도에 약간의 물건이라도 적치되어 있으면 바로 불호령을 내렸다. 만일의 경우 대피에 방해가 된다는 이유 때문이다.

롯데호텔 본점의 리뉴얼 공사가 한창이던 2001년 11월 새벽, 신격호 명예회장은 공사현장에 예고 없이 나타나 직접 사다리를 타고 오르내리면서 야간작업을 하고 있던 인부들에게 화재예방과 안전사고 방지를 당부했다.

공사가 끝날 때까지 호텔 임원들에게 24시간 교대로 방재를 관리할 것을 지시하기도 했으며, 용접과 절단 작업은 소방 전문가가 현장에 참여한 상태에서 하도록 하고, 작업종료 30

분 뒤에 반드시 용접 불씨를 재점검토록 하기도 했다. 신격호 명예회장 현장 순시의 첫 번째 관심 사항이 화재 등 안전관리에 있는 것이다.

## 기업 전체를 고객에게 맞춰라

잠실 프로젝트를 진행하고 있을 때의 일이다. 백화점, 호텔 1번가, 롯데마트, 테마파크를 아우르는 거대한 콤플렉스를 조성한다는 계획을 발표하고 신격호 명예회장은 직원들의 의견을 물었다. 간부들은 가타부타 자신 있게 대답을 못 했다. 될 것 같기도 하고 안 될 것 같기도 하고 판단이 서질 않았기 때문이다.

간부들이 확신을 갖지 못하자 신격호 명예회장은 "된다."라고 힘주어 말했다. 지금은 허허벌판이지만 오픈하고 1년만 지나면 교통 체증이 생길 정도로 상권이 발달할 거라는 말을 들은 간부들은 여전히 고개를 갸우뚱했다.

'상권은 창조하는 것'이라는 신격호 명예회장의 생각은 적중했다. 신격호 명예회장의 예상대로 잠실 사거리는 교통체증을 유발할 정도로 상권이 발달했다.

또 하나의 예는 잠실 백화점을 기획할 때이다. 신세계나 미도파 매장의 3배 크기인 넓은 매장을 어떻게 채울지가 가장 큰 문제였다. 직원들의 고민에 신격호 명예회장은 쓸데없는 걱정을 한다고 꾸중 아닌 꾸중을 했다.

"무엇으로 채우느냐는 것은 문제가 안 된다. 고객이 원할 때 원하는 가격에 물건을 공급할 수 있는 것이 관건이다. 평창면옥에 해답이 있다."

신격호 명예회장은 뜬금없이 평창면옥에서 답을 찾으라고 말했다고 한다. 당시 평창면옥이라는 식당이 있었는데 워낙 맛이 있어서 밥 한 끼 먹기 위해 먼 거리에서 차를 타고 올 정도로 장안의 화제였다고 한다.

"평창면옥은 5000~6000원 가격에 사람들이 꽉 찼다. 점심시간에는 자가용을 타고 와서 한참 기다리다 밥을 먹는 사람들로 붐볐다. 시간과 비용을 들여서 왜 평창면옥에 와서 밥을 먹을까. 이유는 단 하나다. 바로 상품이 훌륭하기 때문이다. 고객에서 꼭 필요하고 훌륭한 상품을 만들면 모든 게 해결된다. 우리가 존재하는 이유는 바로 고객 때문이다. 고객이 있기 때문에 우리의 사업이 있는 것이다. 고객이 즐겨 찾게 할 수 있는 사업을 해야 한다."

이처럼 신격호 명예회장은 제품과 서비스에 관해 설명하려 하지 말고 고객들이 하는 말에 귀를 기울일 것을 강조하였다.

## ** 거화취실(去華就實)

롯데그룹 창업주 신격호 명예회장의 집무실에는 '거화취실
去華就實'이라는 액자가 걸려 있었다. 화려함을 멀리하고 실속을
추구하는 그의 정신을 잘 보여주는 대목이다.

신격호 명예회장은 한국과 일본을 오갈 때도 혼자서 직접
서류 가방을 들고 비행기를 탔다. 뿐만 아니라 다른 대기업 회
장들과 달리 사무실이 아주 소박했다. 크기나 장식이 중소기
업 사장 집무실 정도였다. 대기업 회장으로서 색다른 모습인
데, 이는 워낙 화려한 것을 싫어하는 신격호 명예회장의 스타
일 때문이었다.

그의 내실을 중시하는 신념은 경영에만 녹아 있는 것이 아니
다. 신격호 명예회장은 1979년 서울 소공동에 '롯데 일번가'를
조성할 당시 값비싼 이탈리아산 타일을 깔 것을 고집했다. 방
문객에게 깔끔하게 정비된 지하상가를 제공하기 위해서였다.

주위에서는 비싼 제품으로 120m에 달하는 롯데 일번가를 채우기엔 비용이 많이 든다고 만류했다. 그러나 신격호 명예회장은 "비쌀수록 10년, 20년 더 사용할 수 있기 때문에 무조건 비경제적이라고 볼 수만은 없다"고 일축했다. 게다가 백화점이야말로 나라의 경제와 위상을 보여주는 만큼 품격을 갖춰야 한다고 강조했다.

그의 예상대로 깔끔하게 단장한 롯데 일번가는 개장 후 고객들로 붐볐다. 자신의 공간인 집무실은 아담할지언정 소비자에게 내보이는 상품은 어디에도 뒤지지 않아야 한다는 신격호 명예회장의 고객 중심 경영이념 덕분이다.

경영어록

## 경영 원칙

### 신중하게, 손해 없이

적어도 롯데와 거래하면 손해를 보지 않아야 합니다.

기업인은 회사가 성공할 때나 실패할 때 모두 자신의 책임으로 돌려야 합니다. 정부와 국민에게 폐를 끼치면 안 됩니다. 자신의 책임이라고 생각하면 신중해지고 보수적이 되지요. 사업에 책임을 지다 보니 열심히 할 수밖에 없습니다. 다는 아니지만 대부분의 일본 기업인이 신중하게 경영합니다. 나도 그렇게 하다 보니까 빚을 많이 쓰지 않게 된 것입니다.

한국 기업인은 반대로 과감하긴 한데 무모하게 보일 때도 있습니다. 몸에서 열이 나면 병이 나고 심하면 목숨이 위태로워집니다. 기업에 있어서 차입금은 우리 몸의 열과 같습니다. 과다한 차입금은 만병의 근원입니다.

잘 모르는 사업을 확장 위주로 경영하면 결국 국민에게 피해를 주게 됩니다. 고객이든 협력업체든, 적어도 롯데와 거래하면 손해를 보지 않아야 합니다.

## 베르테르 경영철학

『젊은 베르테르의 슬픔』을 읽고 롯데라는 신선한 이미지를 기업명과 상품명으로 택하기로 결정하였습니다. 베르테르는 그의 여인 샤롯데에 대한 사랑에 있어 정열 그 자체였습니다. 그 정열 때문에 그는 즐거웠고 때로는 슬펐으며 그 정열 속에 자신의 생명을 불사를 수 있었습니다. 일할 때도 마찬가지일 것입니다. 정열이 있으면 어떠한 어려운 일이라도 즐겁게 이겨낼 수 있지만, 정열이 없으면 흥미도 없어지고 일의 능률도 없어집니다. 경영자의 정열과 직원 모두의 정열이 하나의 총체로 나타날 때 그 회사는 큰 발전이 기약됩니다. 뜨거운 정열을 갖고 업무에 임해달라고 당부하고 싶습니다.

## 고객과의 약속

고객과의 약속은 어떠한 경우에도 지켜야 합니다.


신격호 명예회장은 일본에서 우유배달 아르바이트를 하며 정확한 배달 시간으로 유명했다. 비가 오나 눈이 오나 늘 같은 시간에 배달하는 것으로 소문이 나면서 주문량이 늘었다. 많은 주문을 소화하기 어려워 배달 시간을 못 맞추게 되자 신격호 명예회장은 자기가 직접 아르바이트를 고용했다고 한다.

신격호 명예회장의 이러한 모습에 반한 일본인이 선뜻 사업 자금을 내주었다고 하니, 오늘날 한국과 일본에서 굴지의 기업이 되어있는 롯데의 첫 자산은 바로 신격호 명예회장의 신용과 성실함이었던 것이다.

### 책임있는 기업인

기업인은 회사가 성공할 때나 실패할 때, 모두 자신의 책임으로 돌려야 합니다.

신격호 명예회장은 평소 기업이 정부와 국민에게 폐를 끼쳐서는 안 된다고 말했다. 기업인은 회사가 성공할 때나 실패할 때를 모두 자신의 책임으로 돌려야 하며, 자신의 책임인 만큼 기업을 신중하게 경영하고, 최선을 다해 경영해야 한다고 강조했다. 책임감 없는 무모한 투자는 종업원들이나 협력업체에 피해를 줄 뿐 아니라 국가적인 상처로 남을 수 있다. 롯데의 신중한 투자 방침은 신격호 명예회장의 이러한 책임경영에서 비롯되었다고 할 수 있다.

### 현장 경영 실천

고객으로부터, 동료로부터, 협력회사로부터 직접 생생
한 목소리를 들을 수 있는 현장으로 달려가기를 당부합
니다.


한국과 일본을 한 달씩 오가며 왕성한 경영 활동을 펼친
신격호 명예회장은 한국에 오면, 롯데백화점이나 롯데마트
혹은 롯데호텔의 현장에 불쑥 나타나는 것으로 유명했다. 매
장을 둘러보면서 고객에 대한 서비스는 친절한지, 청소는 잘
됐는지, 안전 점검은 잘하고 있는지 등을 꼼꼼하게 체크했다.
자신이 강조하고 있는 현장 경영을 몸소 실천한 것이다.


### 무차입 경영 원칙

몸에서 열이 나면 병이 나고 심하면 목숨이 위태로워
집니다. 기업에 있어서 차입금은 우리 몸의 열과 같습
니다. 과다한 차입금은 만병의 근원입니다.


신격호 명예회장의 무차입 경영 원칙은 IMF 사태라는 국
가적 위기를 겪으면서 한 층 더 빛을 발했다. 한국의 기업들
은 90년대 후반 IMF 사태를 겪으면서 과다한 차입 경영이 어

떠한 결과를 가져올 수 있는지에 대한 뼈아픈 교훈을 얻었다. 잘 나가던 기업들이 지나친 차입 경영 탓에 안위와 존망을 위협받는 일들이 비일비재했다. 롯데는 신격호 명예회장의 무차입 경영 원칙 덕분에 큰 어려움 없이 이 사태를 극복했고 오히려 그룹의 역량을 더욱 강화시킬 수 있었다.

### 핵심 역량에만 집중하기

가장 잘할 수 있는 분야에 사업 역량을 집중해야 합니다.

신격호 명예회장이 계열사 사장들에게 자주 강조했던 이 말은 롯데그룹의 경영특징을 잘 대변해 준다. 제품에 관한 철저한 연구와 애정은 신격호 명예회장에게 '실패를 모르는 기업인'이라는 애칭을 붙게 할 정도였다. 잘 모르는 사업을 확장 위주로 방만하게 경영하면 결국 국민에게 피해를 주게 되므로 신규 사업은 기존 사업과 시너지를 창출하면서 핵심사업 역량을 강화하는 차원에서 진행한다는 것이 신격호 명예회장의 평소 지론이다.

## 언제나 준비된 경영

CEO는 회사가 잘 나갈 때일수록 못 나갈 때를 대비해야 합니다. 반대로 실적이 악화될 때는 훗날 좋아질 때를 염두에 두고 투자해야 합니다.


신격호 명예회장은 임직원들에게 강한 신뢰로 일을 맡기는 편이었다. 그러나 칭찬은 드물었다. 이는 칭찬으로 임원들이 안일한 마음을 갖게 되어 방만한 경영을 하게 되는 것을 경계하기 위해서였다. 늘 스스로 긴장의 끈을 놓지 않으며 경기가 어려울 때에는 좋은 기회를 탐색하고 실적이 좋을 때는 어려울 때에 대비해 준비된 경영을 해야 한다는 것이 그의 지론이었다.

## 관광보국을 향한 열망

### 세계 최고의 빌딩

외국 관광객들에게 언제까지나 고궁만 보여 줄 수는 없지 않습니까. 세계 최고의 그 무엇이 있어야 외국 사람들이 즐기러 올 것 아닙니까. 세계 최고의 건물이란 것 자체가 자동으로 좋은 광고 선전이 되지요. 무역센터도 될 수 있고 위락시설도 될 수 있는 그런 건물을 지어야 합니다. 서울에서 그럴 수 있는 자리로서 적합한 곳은 잠실이라고 봅니다.

지금 세계 각국은 관광 레저를 21세기 전략산업으로 꼽으며 육성하고 발전시켜 나가는 추세인데 우리나라에서는 이에 대한 인식이 아직 부족한 것 같습니다. 상품 수출을 통한 외화획득 못지않게 관광 레저 산업도 외화획득의 중요한 재원이 될 수 있는데 말입니다. 산업의 균형 있는 발전계획이 아쉽게 느껴집니다.

관광 산업의 외화가득률은 90%가 넘습니다. 제조업

이 중요한 것은 사실이지만 제조업만 좋은 것이고 호텔이나 음식점을 하면 안 좋다는 것은 잘못된 생각입니다. 관광업이나 유통업도 농사짓는 것이나 수출하는 것에 못지않게 필요한 사업입니다. 잘못된 편견은 버려야 합니다.

## 관광 산업 투자

부존자원이 빈약한 우리나라는 기필코 관광입국을 이루어야 한다는 것이 저의 신념이었습니다.

신격호 명예회장은 관광 산업의 불모지나 다름없던 우리나라에 관광보국觀光報國의 신념으로 투자회수율이 낮으며, 막대한 자본이 투입되어야 하는 관광산업에 대한 대규모 투자를 진행했다. 관광을 통해 국력을 키우고 자원을 개발해야 한다는 생각으로 국내 최초의 독자적 브랜드의 호텔을 건설하고 세계 최대의 실내 테마파크를 조성하는 일에 투자를 아끼지 않았다.

## 관광객 유치 의지

서울 잠실의 롯데월드타워를 세계 최대의 관광 명물로 만드는 것이 내 일생의 소원입니다.

신격호 명예회장은 "우리나라를 찾는 외국인 관광객들이 갈수록 준다고 말만 할 것이 아니라 우리 자신부터 그들이 우리나라를 다시 찾도록 만들려는 노력을 해야 한다"며 그러기 위해서는 무엇보다 "투자를 아끼지 않아야 한다"고 밝혔다. 이에 신격호 명예회장은 외국 관광객들에게 언제까지나 고궁만 보여 줄 수는 없다는 생각에 세계 최고층 빌딩을 지어 새로운 한국의 랜드마크로 만들겠다는 꿈을 가지고 롯데월드타워 건설을 진두지휘했다.

### 브랜드의 세계화

글로벌 기업으로 자리 잡기 위해서는 브랜드의 세계화에 관심을 가져야 합니다.

신격호 명예회장은 롯데의 글로벌 사업이 제대로 자리 잡기 위해서는 무엇보다 '롯데'라는 브랜드가 알려져야 한다고 강조했다. 진출한 어느 국가, 어느 도시에서도 '롯데'는 참신하다는 이미지로 각인되어야 하고 이를 위해 '롯데' 브랜드가 믿음을 주고, 창조적이고, 즐거움을 주는 이미지를 구축해 나갈 수 있도록 브랜드 경영에 힘써 달라고 늘 당부했다.

조국 대한민국을
사랑했던 재계 거인

3장

인간 신격호

재일교포 사회의
큰형님

신격호 명예회장은 1978년 국민훈장 무궁화장을 수훈했다. 재일 거류민단 발전과 재일 한국인의 지위 향상에 기여한 공로를 정부로부터 인정받은 것이다. 무궁화장은 일반인이 정부로부터 받을 수 있는 최고 등급 훈장이다.

1978년 5월 재일 거류민단 조직의 발전과 재일 한국인의 지위 향상에 크게 기여한 공로를 인정받아 국민훈장 무궁화장을 수훈한 신격호 명예회장

신격호 명예회장은 어려운 처지에 놓인 재일동포나 일본을 찾는 한국인을 지원하는 데 각별한 공을 들였다. 혈혈단신 일본으로 건너가 힘들게 살았던 시절을 생각하며 동포를 도왔다.

조치훈 9단은 우연히 동포모임에서 신격호 명예회장을 만났다. 유학 생활의 어려움을 잘 알고 있는 신격호 명예회장은 조 9단에게 당시 한 달치 하숙비에 달하는 1만 엔을 매달 후원하고, 생활비도 지원해줬다. 조 9단은 신격호 명예회장의 후원을 바탕으로 1980년 바둑 명인 자리에 올랐다. 조 9단은 일본기원 소속으로 일본에서 주로 활동하지만, 신격호 명예회장의 영향 등으로 한국 국적을 유지했다.

신격호 명예회장과 조치훈 프로

장훈 선수와의 인연도 있다. 일본 프로야구 전설인 장훈 선수가 3000안타라는 대기록을 앞두고 일본 구단과 감독들의 차별로 경기를 뛸 수 없게 됐다. 신격호 명예회장은 이 소식을 듣자마자 자신이 구단주로 있던 롯데 오리온즈에 장훈 선수를 영입했다.

신격호 명예회장은 홍수환 권투 선수도 후원했다. 홍 선수는 1978년 일본 도쿄에서 열린 세계복싱협회wbɑ 주니어페더급 1차 방어전에서 일본의 가사하라 유우 선수를 상대로 승리했다. 신격호 명예회장은 다음 날 홍 선수를 주일본 대한민국 대사관에서부터 일본 롯데 본사까지 카퍼레이드를 시켜주고, 첫 만남 자리에서 당시 강남 아파트 한 채 값인 현금 100만 엔을 줬다.

홍수환 선수는 "신 회장은 일본 임직원들을 모두 사무실로 모이게 해서 내 주먹을 보여주며 자랑을 하셨다"며 "대기업 회장답지 않은 공장 점퍼 차림과 집무실 정면에 소가 논을 일구던 한국 민속화가 걸려 있었던 게 매우 인상적이었다"고 말했다.

신격호 명예회장은 1960~1970년대 재일동포들과 함께 도쿄 한국대사관 건설 등에 기부했다. 1964년 도쿄올림픽을 앞두고 당시 초라한 대사관 주변을 안타깝게 여기고 인부들과 함께 대사관 주변에 묘목을 심은 것으로 알려졌다.

신격호 명예회장은 1948년 런던올림픽 때 한국 선수단 경비를 지원했으며, 1988년 서울올림픽 때도 헌금에 참여했고, 미국 동물원의 한국 혈통 호랑이 세 마리를 구입해 서울대공원에 기증했다. 1997년 한국이 국제통화기금 IMF 관리에 들어가자 신격호 명예회장은 재계 인사로서는 처음으로 2천만 달러의 사재를 출자하고 5억 달러의 외자를 들여왔다.

조국 대한민국을
사랑했던 재계 거인

88 서울올림픽

신격호 명예회장과 일본 한상들은 1988년 서울올림픽에서
도 역할을 했다. 모국을 위해서다.

　　서울올림픽 마스코트는 호랑이를 형상화한 '호돌이'였다. 당
시 한국에는 한국 호랑이 <sub>시베리아 호랑이</sub> 가 없었다. 이를 안타깝게
여긴 신격호 명예회장은 1986년 미국 동물원에서 시베리아
호랑이 3마리를 들여와 서울대공원에 기증했다. 호랑이들은
한국산 호랑이 5대손이었다.

1986년 신격호 회장이 서울대공원에 기증한 한국 호랑이

서울대공원에서 번식시킨 한국 호랑이 1호 '백두'는 신격호 명예회장이 들여온 호랑이 부부 사이에서 태어났다. 백두의 엄마는 88 올림픽 마스코트 호순이의 모델이다.

신격호 명예회장뿐 아니라 일본 한상들도 올림픽에 큰 힘을 보탰다. 재일동포 모금 캠페인은 '88서울올림픽 재일한국인후원회'를 통해 이뤄졌다. 후원회장은 오사카 한상인 이희건 신한은행 명예회장이었다. 후원회는 민단과 의기투합했다.

그러나 노력에도 불구하고 모금실적은 순탄하게 진행되지 못했다. 많은 동포들이 자신이 낸 기부금에 높은 세금이 징수될 것을 우려해서였다. 재일동포 입장에서는 기부금이지만 일본 입장에서는 세금징수 대상이었다.

한상들은 한국 정치인과 관료들에게 일본과 '면세교섭'을 추진할 것을 요청했고, 일본 관료들에게는 진정단을 보내며 설득했다. 그리고 1986년 11월 일본 정부는 재일교포들의 서울올림픽 후원 성금에 대해 세금을 면제한다고 결정을 내렸다.

기부자 중에는 단번에 2억, 3억 엔씩 내는 기업가도 있었지만 가난한 동포들이 내는 성금도 있었다. 그만큼 재일교포들에게 서울올림픽은 각별했다.

일본 땅에서 식민국가, 이등국민으로 괄시받으며 살아온 그
들이었다. 그들의 조국은 1970년 아시안게임 개최지로 결정
되고도 경기장 등을 지을 형편이 못돼 개최를 포기할 정도로
국력이 약한 나라였다.

재일교포들은 아시안게임을 유치해놓고도 태국 방콕에 개최
지를 넘겨주던 조국을 바라만 봐야 했다. 그랬던 한국이 올림
픽을 개최한다고 하니 감격을 이루 말로 표현할 수 없었다.

한 교포는 "조국의 올림픽에 후원하는 일은 힘든 일본 생활
속에서 모은 돈을 유용하게 쓸 수 있는 기회입니다. 저 같은
1세들에게는 조국을 위해 할 수 있는 마지막 봉사의 기회가
될 것입니다"라고 전했다.

1987년 11월 신격호 명예회장이 세운 서울 소공동 롯데호
텔에서 '서울올림픽 후원사업 추진 회의'가 열렸다. 이 자리에
서 이희건 후원회장은 박세직 서울올림픽조직위원장에게 1차
성금 300억 원을 전달했다.

2차 성금은 1988년 6월 전달됐다. 210억 원 규모였다. 3차
성금 14억4000만 원은 장애인올림픽이 열리던 기간인 10월
18일 전달됐다. 재일교포들의 올림픽 성금액은 대한민국 건
국 이래 자발적인 캠페인을 통해 정부에 기탁한 단일 성금 가

운데 최대치였다.

올림픽 체조경기장, 수영경기장, 테니스경기장, 조정경기장, 올림픽회관 등이 재일교포들이 기부한 성금으로 건설됐다.

조국 대한민국을
사랑했던 재계 거인

고향 사랑

신격호 롯데그룹 창업주는 1971년부터 매년 5월마다 고향인 울산 울주군 삼동면 둔기리에서 마을 주민들을 초청해 잔치를 열어왔다.

지난 1970년 울산공단의 용수공급을 위해 대암댐이 건설되면서 둔기리 지역이 수몰되자, 신격호 명예회장이 1971년 마을 이름을 따 '둔기회'를 만들고 고향을 잃은 주민들을 초청해 마을 잔치를 열기 시작한 것이다. 집과 전답을 버리고 인근 도시로 떠나야 했던 둔기리 주민들은 마을 잔치 덕에 매년 고향 사람들을 만나 옛정을 나눌 수 있었다.

필자는 2006년 5월 둔기리 마을 잔치에 참석했다. 취재목적에서다. 이날 둔기리 별장 정원에서 열린 잔치에는 마을 주민 800여 명이 참석해 식사와 여흥을 즐겼다. 마을 주민들은 신격호 명예회장으로부터 롯데선물세트와 소주, 양산, 여비 5만 원을 선물로 받았다.

잔치에 참석하기 위해 몰려든 차들로 마을 입구는 북새통

2010년 5월 둔기리에서 열린 둔기회 행사

을 이뤘고 선물을 받기 위해 마을 사람들이 100m 이상 줄을 서는 진풍경이 연출됐다.

신격호 명예회장 가족들과 고향마을 사람들은 점심 식사와 노래자랑으로 이어진 마을 잔치에서 흥겨운 시간을 보냈다.

행사 참석자는 "신격호 명예회장은 젊어서부터 고향을 아껴왔다"며 "보릿고개 시절에도 마을에 쌀을 보내는 등 고향에 대한 애정이 각별한 분"이라고 말했다.

그러나 40여 년을 이어오던 이 행사는 지난 2014년 세월호 사고가 발생하고 희생자를 추모하는 국민적 애도 분위기에 동참하는 차원에서 행사를 취소하고, 행사 비용을 모두 기부했다.

이후 둔기리 마을 잔치를 운영해왔던 롯데삼동복지재단은, 오랜 고민 끝에 아쉽지만 마을 행사를 중단하기로 결정했다. 하지만 울산을 본거지로 한 삼동복지재단은 꾸준히 신격호 명예회장의 뜻을 이어받아 해당 지역에서 고향 사랑과 이웃과의 나눔을 실천하기 위한 다양한 활동을 진행하고 있다.

2011년 개관한 울산과학관에도 고향을 사랑하는 신격호 명예회장의 마음이 담겼다.


울산과학관은 신격호 명예회장이 사재 240억 원을 롯데장학재단에 출연하고, 재단이 과학관을 지어 울산시교육청에 기증하는 방식으로 건립됐다. 과학관은 연면적 1만7051㎡ 규모로 과학전시체험관, 천체체험관 등 교육 시설과 시청각실, 전시장으로 구성됐다.

당시 노신영 롯데장학재단 이사장은 "울산 시민의 오랜 염원과 신격호 명예회장의 신념이 합쳐져 울산과학관이 탄생할 수 있었다"며 "이곳에서 울산지역 학생들이 원대한 꿈과 희망을 키워나갈 수 있기를 진심으로 바란다"고 말했다.

울산과학관 전경

조국 대한민국을
사랑했던 재계 거인

신격호의 도시 울산

2022년 제20차 세계한상대회 개최도시인 울산은 신격호 롯데 명예회장의 고향답게 롯데 계열사들이 밀집해있다. '롯데의 도시'라 부를 수 있을 정도다.

세계한상대회에 참가한 한상들이 묵은 숙소 중 하나는 5성급 롯데호텔울산이다. 롯데호텔울산은 울산시 남구 삼산동 5만3000㎡ 부지에 연면적 16만7000㎡로, 지하 5층, 지상 24층, 200실 규모다. 2002년 2월 개관했으며 호텔뿐 아니라 백화점, 멀티플라자, 테마파크, 버스터미널 등이 함께 어우러진 복합공간이다.

이 호텔은 신격호 명예회장의 작품이다. 1990년대 말 울산시는 신격호 명예회장에게 호텔 설립을 요청했다. 당시 울산은 현대차와 현대중공업 등 대기업이 밀집한 산업도시였는데도 번번한 호텔이 없었다.

롯데호텔 울산과 롯데백화점 울산점

호텔 설립에 내부 반대도 있었다. 입지도 애매한 데다 그때는 IMF 외환위기로 인해 경제가 좋지 않았다. 이 같은 상황에도 불구하고 신격호 명예회장은 호텔 투자를 단행했다. 당장이 아닌 미래를 바라보고 내린 결정이었다.

1995년 롯데쇼핑이 민자사업인 울산버스터미널 사업시행자로 지정되고, 이듬해 민자유치사업 실시 계획을 승인받아 시공에 들어가면서 사업이 본격화됐다. IMF 외환위기로 공사가 중단되는 어려움도 있었지만, 1998년 버스터미널 공사부터 재개해 2002년 2월 28일 호텔 등을 개관했다. 특히 호텔 내 정글프라자는 4층 높이 공간을 터서 야자수 등 정글 이미지를 구현했다는 평가를 받고 있다.

롯데호텔울산은 울산지역 첫 번째 특1급 호텔로, 이곳의 숙박·음식 서비스 수준을 한 단계 끌어올리는 견인차가 됐다.

신격호 명예회장은 롯데호텔울산을 방문할 때에는 인근에 있는 외솔 최현배 선생 기념관과 생가에 들렀다고 한다. 최현배 선생은 신격호 명예회장이 존경하는 한글학자다.


롯데의 화학 계열사들도 울산에 밀집해있다. 롯데케미칼, 롯데정밀화학, 롯데이네오스화학이 대표적이다.

롯데케미칼은 옛 케이피케미칼 공장이다. 여기서는 벤젠 Benzene 과 혼합자일렌 Mixed Xylene 을 비롯해 PET Polyethylene terephthalate ,

**PIA** Purified Isophthalic Acid, 고순도 이소프탈산 등을 생산하고 있다.

롯데정밀화학은 고 이병철 삼성그룹 창업주가 세운 한국비료공업이 모태다. 롯데가 한국비료의 후신인 삼성정밀화학을 인수하며 롯데정밀화학이 됐다. 롯데이네오스화학은 삼성BP화학의 새 이름이다. 롯데는 2015년 삼성으로부터 삼성SDI 케미칼 부문, 삼성정밀화학, 삼성BP화학을 인수했다.

롯데백화점과 롯데마트, 하이마트, 세븐일레븐 등 유통 점포는 200여 개가 있다. 이밖에 롯데칠성음료, 롯데렌탈, 롯데글로벌로지스, 롯데컬처웍스 등도 지점을 운영하고 있다.

롯데건설은 울산에 리조트 건설을 추진하고 있다. 울산 강동 롯데리조트 조성 사업은 지난해 12월 울산시 건축위원회 건축심의를 통과했으며, 2027년 준공을 목표로 사업을 추진 중이다.

리조트에는 숙박 시설과 스파형 워터파크, 컨벤션센터, 글램핑장 등이 들어선다. 또한 베이스타즈 골프장과는 차로 10분 거리다.

조국 대한민국을
사랑했던 재계 거인

신격호와 베트남

신격호 명예회장은 1978년 베트남을 처음 방문했다. 베트남이 통일된 지 3년밖에 안 됐던 때였다. 당시 베트남은 빈곤한 나라였지만, 신격호 명예회장은 베트남의 미래 성장 가능성을 확신했다.

그리고 기회가 찾아왔다. 베트남이 경제성장을 위해 개방에 나서면서 롯데는 베트남에 진출했다.

롯데는 1990년대부터 식품·외식부문을 시작으로 유통·서비스 부문까지 진출해 활발하게 사업을 펼치고 있다. 현재 베트남에는 약 19개 롯데 계열사가 진출해 있으며 임직원 수는 1만1000여 명에 이른다.

롯데지알에스는 1998년 베트남에 진출했다. 현재 38개 이상 지역에서 270여 개 롯데리아 매장을 운영하고 있다.

2008년 진출한 롯데마트는 15개 점포를 운영하고 있으며, 소비여력이 큰 중산층 고객을 타깃으로 빠르게 성장하고 있다.

2022년 7월에는 베트남 빈에 베트남 15호점을 개점했다. 베트남 중북부에 위치한 빈은 라오스, 캄보디아와 접경한 인구 50만 명의 도시다.

롯데마트 빈점은 영업면적 1만3223㎡<sup>약 4000평</sup> 규모다. 한국 식품 등 K푸드 비중도 크다.

롯데백화점은 2014년 하노이에 진출한 데 이어, 호찌민 다이아몬드 플라자도 인수했다.

롯데마트 베트남 1호점 남사이공점

호텔롯데는 2013년 호찌민 레전드호텔을 인수했고, 2014년에는 롯데호텔하노이를 오픈했다.

2017년 다낭공항점 오픈으로 베트남에 처음 진출한 롯데면세점은 2018년 나트랑깜란공항점, 2019년 하노이공항점 문을 열며 베트남 사업을 확대하고 있다. 2022년 말에는 베트남 다낭시내점 오픈을 준비하고 있다.

롯데는 2014년 하노이에 지상 63층 규모 랜드마크 빌딩 '롯데센터 하노이'를 건설했다. 롯데 사업 역량이 집결된 복합빌딩으로, 현지에서 한국기업에 대한 인식을 높이는 데에 기여했다는 평가를 받았다.

롯데몰하노이는 2023년 하노이시 떠이혹 신도시 상업지구에 선보일 예정이다. 투자금액은 3300억 원에 달한다. 하노이시 서호 인근 7만3000㎡ 부지에 지하 2층, 지상 23층 규모로 쇼핑몰, 호텔, 서비스 레지던스, 오피스 등이 들어선다.

롯데는 베트남 주요 도시에 대규모 복합단지 건설도 추진하고 있다.

투티엠 에코스마트시티 프로젝트는 호찌민시 투티엠 지구 연면적 약 68만㎡ 코엑스의 1.5배 규모 부지에 지하 5층, 지상 60층 규모 쇼핑몰 등 상업 시설과 함께 오피스, 호텔, 서비스 레지던스, 아파트로 구성된 복합단지를 개발하는 사업이다. 총 사업비 약 9억 달러 1조1600억 원 규모다.

롯데건설은 베트남에서 다양한 시공 경험을 보유하고 있다. 2006년 진출 이래 롯데마트, 롯데센터 하노이, 롯데몰 하노이 등을 시공했다. 2019년에는 법인을 설립해 부동산 투자개발 사업도 시작했다. 단순한 시공사가 아니라 사업 발굴과 기획부터 금융조달, 건설, 운영관리 등 사업 전체를 총괄하는 글로벌 종합 디벨로퍼로 거듭나고자 시행과 시공을 겸하는 투자 개발형 사업에 역량을 집중하고 있다.

롯데벤처스는 2021년 국내 스타트업의 베트남 진출을 지원하고 현지 스타트업 육성을 위해 '롯데벤처스 베트남'을 설립했다. 베트남 정부의 기업등록발급 승인을 받은 외국계 벤처투자법인은 롯데벤처스가 최초다.

롯데벤처스는 베트남 신선식품 유통사 '샤크마켓'에 투자하는 등 베트남 한상들의 창업을 지원하고 있다. 2016년부터 베트남 스타트업 액셀러레이터인 베트남 실리콘밸리 Vietnam Silicon Valley 와 함께 우수 스타트업 발굴 프로그램도 운영하고 있다.

2대에 이은
베트남 투티엠 개발

베트남 투티엠 신도시 개발은 신격호 명예회장으로부터 시작한 프로젝트다.

신격호 명예회장은 1997년 베트남 정부에 투티엠 개발계획을 제안했다. 2012년 개발계획이 확정된 이후에도 롯데는 투티엠 개발에 관심을 가졌다. 2014년 롯데는 우선협상권을 확보했고, 2017년 단독 입찰로 투자이행 계약을 체결했다. 신격호 명예회장과 신동빈 회장이 쌓아온 롯데에 대한 신뢰와 하노이 랜드마크 '롯데센터 하노이'를 성공적으로 개발한 롯데의 실력과 신뢰를 베트남 정부가 인정한 것이다.

특히 투티엠 신도시 개발은 롯데건설이 단독 입찰해 개발권을 획득한 사업이다. 사업비는 9억 달러 규모다.

판 반 마이 호찌민시 인민위원장은 2022년 9월 호찌민 투티엠 신도시에서 열린 에코스마트시티 착공식에서 "롯데라는 신뢰도 높은 투자자 역량을 믿고 베트남 국가주석이 이 사업을 굉장히 적극적으로 지원하고 있다"며 "에코스마트시티 사업이 투자 효과를 낼 수 있도록 모든 법률과 관련 규정 등 아낌없이 지원하라고 지시했다"고 말했다.

신동빈 롯데그룹 회장은 "최첨단 스마트 기술을 적용한 호텔과 레지던스, 유통시설이 자리 잡아 향후 베트남을 대표하는 랜드마크가 될 것"이라며 "롯데는 베트남에서 투자를 더 확대하고 베트남과 함께 성장하기 위한 역할을 다할 것"이라고 밝혔다.

투티엠 에코스마트시티는 코엑스 1.5배인 연면적 약 68만 ㎡에 지하 5층~지상 60층 규모의 상업 시설과 오피스, 호텔, 레지던스, 시네마, 아파트 등으로 구성된 스마트 복합단지다. 완공 목표는 2029년이다.

투티엠 지구는 호찌민시가 중국 상하이 푸둥 지구를 벤치마킹해 동남아를 대표하는 경제 허브로 개발하고 있는 지역이다. 롯데건설은 첨단 스마트단지로 에코스마트시티를 키울 계획이다. 주거시설은 빅데이터를 활용한 실시간 정보 공유로 생활 편의성과 안전성을 높이며, 사물인터넷 IoT ·인공지능 AI 을 이용한 홈케어 서비스와 원격 진료 등 디지털 헬스케어 서비스를 제공할 계획이다. 빅데이터 분석을 통해 베트남 최고 수준의 스마트 라이프도 구현된다.

심야 시간에 얼음을 얼렸다가 한낮에 이를 녹여 실내 기온을 낮추는 친환경 빙축열 냉방 방식을 적용해 효율적으로 단지 자원을 관리하며 이를 지속 사용할 수 있도록 한다. 오피스에는 안면인식 스마트 출입 시스템과 인공지능 예약 관리 시스템이, 유통시설에는 롯데의 오랜 유통 노하우를 활용한 스마트 결제, 드론, 배달 로봇 등이 적용된다.

호텔은 스마트 안내 서비스 및 로봇을 활용한 케이터링 등 베트남에서 기존에 볼 수 없었던 새로운 경험을 제공할 예정이다.

롯데는 인프라 구축에도 나선다. 늘어난 사업을 대비해 물류 인프라 확대가 필요하다고 판단, 롯데글로벌로지스가 베트남 남부 동나이성에 '통합 스마트 물류센터'를 구축한다.

투티엠 에코스마트시티와 내년에 오픈할 예정인 롯데몰 하노이 등 롯데타운을 형성하는 대형 프로젝트 후에 대응할 수 있는 물류 역량을 갖추기 위해 2024년까지 완공하는 것이 목표다. 베트남 '통합 스마트 물류센터'는 베트남 현지의 신선·냉동식품 수요 증가에 따라 콜드체인 역량을 강화해 상온·냉장·냉동 보관 및 운송이 가능한 센터로 구축된다.

자동화 설비에 대한 추가 검토도 진행 중이다. 롯데글로벌로지스는 향후 포워딩 관련 전문인력과 컨테이너 야적장 등을 확보해 베트남 수출·입 화물 사업을 확대할 계획이다.

2022년 9월 2일 베트남 호찌민시에서 열린 투티엠 에코스마트시티 착공식에서 판
반 마이 호찌민시 인민위원장을 만난 신동빈 롯데 회장

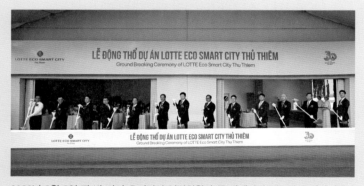

2022년 9월 2일 판 반 마이 호찌민시 인민위원장 등 관계자와 베트남 호찌민시에서
투티엠 에코스마트시티 착공식을 진행하는 신동빈 롯데 회장

롯데몰 하노이 조감도

투티엠 에코스마트시티 조감도

형제들과 자녀

신격호 명예회장은 영산 신씨 초당공파 27대손으로 9명의 동생이 있다. 남동생은 철호, 춘호, 선호, 준호이며, 여동생은 소하, 경애, 경숙, 정숙, 정희이다.

형제 중 기업인은 고 신춘호 농심그룹 회장, 신선호 일본 산사스 회장, 신준호 전 푸르밀 회장 등이 있다. 신준호 전 회장은 롯데그룹에서 부회장까지 지냈으며, 롯데 자이언츠 야구단 초대 단장도 맡았다.

매제 중에서는 김기병 롯데관광개발 회장이 현업에서 활동하고 있다. 김 회장은 막내 여동생 신정희 씨의 남편이다.

신격호 명예회장은 울산에서 보낸 어린 시절 어머니가 논에 일하러 나가는 날에는 동생들 <small>신철호, 신소하</small> 을 돌봤다.

자녀는 2남 1녀를 뒀다.

장녀는 신영자 전 롯데장학재단 이사장이다. 그는 롯데쇼핑 사장까지 지냈다. 신 전 이사장의 자녀 중에는 장선윤 롯데호텔 전무가 롯데 경영에 참여하고 있다. 장 전무는 롯데호텔 운영본부장과 뉴욕팰리스호텔을 맡고 있다. 명품백화점인 서울 소공동 에비뉴엘 오픈에도 기여했다.

장남은 신동주 전 일본 롯데 부회장이며, 차남은 신동빈 롯데그룹 회장이다. 신 회장의 장남 신유열 씨는 롯데케미칼에서 근무하고 있다. 신동빈 회장은 미국 컬럼비아 대학원에서 경영학 석사를 마치고 노무라증권, 일본 롯데상사를 거쳐 1990년부터 5년 동안 롯데케미칼에서 일했다. 롯데케미칼 여수 3공장이 자리한 30만 평은 1990년대 중반 신동빈 회장이 자신의 첫 인감도장으로 구입한 부지다.

동주·동빈 형제는 연년생으로 신격호 명예회장은 퇴근 후 집에 돌아와 아들들의 재롱에 즐거워했으며, 목말을 태우고 놀기도 했다.

4장

•

기업보국 '롯데'

신격호에서
신동빈으로 이어지는
'기업보국'

신격호 명예회장은 일본에서 번 돈을 한국에 투자했다. 모국 경제발전을 위해서다.

신동빈 회장은 한국 중소기업의 해외 판로 확대 지원에 힘쓰고 있다. 애국 차원이다.

중소벤처기업부와 롯데 유통 6개사 홈쇼핑, 백화점, 마트, 면세점, 하이마트, 코리아세븐 는 2022년 9월 독일과 미국 양국에서 '롯데-대한민국 브랜드 엑스포 LOTTE-KOREA BRAND EXPO'를 개최했다.

롯데 유통 6개사가 함께 그룹 차원에서 해외 판로개척 상생 활동을 진행한 것은 이번이 처음이다.

신동빈 롯데 회장은 2022년 5월 '대한민국 중소기업인 대회'에서 참석자들과 함께 '핸드 프린팅'으로 중소기업과 상생을 다짐하고 "롯데지주 및 유통 관련 계열사가 적극적으로 중소기업들과 협업 방안을 마련하겠다"고 밝힌 후 진행되는 첫 번째 그룹 차원 상생 활동이다.

'롯데-대한민국 브랜드 엑스포'는 참가하는 중소기업 수만

200개사에 이르는 대규모 중소기업 해외 판로개척 사업이다. 2022년 6월 참가 신청을 받아 롯데 유통 6개사의 협력 중소기업 100개사와 미거래 국내 우수 중소기업 100개사가 선정됐다.

롯데는 선정된 중소기업에 제품 홍보 콘텐츠 제작 및 홍보, 국내외 TV홈쇼핑 및 글로벌 유통 채널을 활용한 라이브 커머스 판매 방송, 롯데 유통 계열사 바이어 초청 1:1 국내 입점 상담회 등 실질적으로 판로 확대에 도움을 줄 수 있는 다양한 지원 활동을 펼친다.

롯데는 2022년 9월 독일 베를린에서 열리는 'IFA Internationale FunkAusstellung Berlin, 베를린 국제가전박람회 2022'에 최초로 참가해 '롯데-대한민국 브랜드 엑스포'를 진행했다. 9월 4일부터 6일까지 IFA 글로벌 마켓Global Market에 우수 중소기업 50개사가 참여하는 통합 전시 부스를 꾸리고 상품판촉전과 함께 다국적 바이어들과 수출상담회를 진행했다.

IFA 글로벌 마켓은 유럽에 상표 등록이 안 된 신규 진출 기업을 위한 전시관으로 제조·유통·수입업체들의 B2B 소싱 플랫폼으로 활용된다.

IFA 2022 국제가전박람회 롯데 통합 전시 부스

2022년 9월 미국 뉴욕에서 열린 '롯데–대한민국 브랜드 엑스포' 현장

9월 20~21일에는 미국 뉴욕 맨해튼 남동부에 위치한 피어17 Pier17에서 두 번째 '롯데-대한민국 브랜드 엑스포'가 열렸다. 150개 중소기업이 참여해 상품판촉전과 수출상담회뿐 아니라 유명 셰프들과 아티스트들의 K-푸드 및 K-뷰티 쇼가 펼쳐졌다.

현지 엑스포에 직접 참가하지 못한 국내 중소기업 50개사를 위해 사전 매칭된 다국적 바이어들과 온라인 상담도 진행됐다.

신동빈 롯데 회장은 "세계 시장에서 경쟁할 수 있는 글로벌 경쟁력을 갖춘 좋은 중소기업이 국내에도 많이 있다"며 "이들의 해외 판로개척과 확대를 지속 지원하고 서로 협력하며 함께 성장할 수 있도록 적극 노력하겠다"고 말했다.

미국 뉴욕 롯데-대한민국 브랜드 엑스포에서 선보인 최현석 셰프의 K푸드 쿠킹쇼

여성과 군 장병에 대한 배려와 관심도 기업보국의 일환이다.

롯데는 2012년 자동 육아휴직을 도입했다. 워라밸 Work-Life Balance, 일과 삶의 균형 제도를 강화함으로써 저출산 극복에도 기여한다는 취지다.

이어 2017년에는 국내 대기업으로서는 최초로 여성 인재의 육아휴직 기간을 최대 2년까지 사용할 수 있도록 확대했고, 남성 육아휴직을 의무화했다. 최소 1개월 이상 육아휴직사용을 의무화함으로써 남성 직원들이 직장 상사나 동료들의 눈치를 보지 않고 자신의 아내와 아이를 보살피는 데에 온전히 전념할 수 있도록 배려했다.

특히 경제적 이유로 육아휴직을 꺼리는 직원들이 많다는 점을 고려해 휴직 첫 달 통상임금의 100% 통상임금과 정부지원금과의 차액을 회사에서 전액 지원 를 보전함으로써 직원들이 부담 없이 참여할 수 있도록 지원하고 있다.

국군장병을 위한 지원은 지난 2016년부터 이어온 '청춘책방'이 대표적이다. 청춘책방은 최전방 GOP, 해안 소초 등에 근무해 문화적 혜택을 누리기 어려운 장병들에게 독서카페의 형태로 자기계발을 할 수 있는 공간을 조성해주는 사업이다.

롯데는 2022년 말까지 총 75곳 육군 65곳, 공군 9곳, 해군 1곳 의 청춘책방을 개소할 예정이다. 특히 2021년부터는 기존 독서카페 형태와 달리 군 장병 대부분이 휴대폰 사용이 가능하다는 점

15사단 청춘책방을 이용하고 있는 장병들

을 고려해 E-library 전자책 공간과 독서실 공간을 통합한 '온라인 학습 공간'도 만들어 학습에 집중할 수 있도록 개선했다.

　2013년부터 2020년까지는 'mom편한 공동육아나눔터' 사업을 진행해, 군인 가족들이 마음 편히 아이들을 돌볼 수 있는 육아 공간을 만들었다. 보육 환경이 열악한 전방 지역을 중심으로 총 25곳을 개소했다.

부산세계박람회
유치 지원에 나선 롯데

롯데는 전 그룹사가 참여하는 TFT를 구성해 부산엑스포 유치를 위한 활동을 펼치고 있다.

송용덕·이동우 롯데지주 대표이사가 TF팀장을 맡았고 4개 사업군 총괄대표들이 해외 2개팀, 국내 2개팀을 운영하며 전사적 역량을 지원하고 있다.

식품·유통군은 전국 롯데백화점, 롯데마트, 롯데리아 등 유통 및 프랜차이즈 매장에 설치된 자체 미디어를 활용해 매장 방문 소비자 대상으로 엑스포 유치 홍보 캠페인을 펼친다. 식품 패키지에 유치 응원 문구를 더한 제품도 출시해 엑스포 유치 분위기를 조성한다.

호텔·화학군은 해외 표심 잡기 활동을 전개한다. 미국, 베트남 등 해외에 위치한 롯데호텔과 미국, 일본, 호주 등 해외 공항 면세점을 거점으로 부산시와 엑스포 유치 준비 현황을 알린다.

신동빈 롯데 회장은 2022년 6월 아일랜드 더블린에서 열린 CGF The Consumer Goods Forum 글로벌 서밋 Global Summit 의 롯데 부스에서 글로벌 소비재 경영진을 비롯한 포럼 참석자들을 대상으로 부산 엑스포 유치 홍보 활동을 펼쳤다.

펩시코, P&G 등 글로벌 그룹 최고 경영자들과 가진 비즈니스 미팅에서도 부산에 대한 지지를 당부하며 유치 지원에 힘을 보탰다.

베트남에서도 유치 지원을 이어갔다. 신 회장은 2022년 8월 31일 응우옌 쑤언 푹 베트남 국가주석을 예방하고 투자 논의와 함께 박람회 유치 홍보 활동을 펼쳤다.

또한 9월 2일 판 반 마이 호찌민시 인민위원장을 만나 '2030 부산엑스포' 유치 지지를 요청했다. 투티엠 에코스마트 시티 착공식 곳곳에는 부산엑스포 포토월을 설치, 홍보 영상을 상영해 부산을 알리고 참석자들에게 박람회 유치 브로슈어를 배포하기도 했다.

더불어 롯데는 독일과 미국에서도 유치 지원을 펼쳤다.

롯데는 독일 베를린에서 2022년 9월 5~6일 열린 유럽 최대 가전 박람회인 'IFA 2022'에 최초로 참가해 '롯데-대한민국 브랜드 엑스포'를 진행했다. 9월 20일부터 21일에는 미국 뉴욕 맨해튼에서 총 150여 개 중소기업이 참여한 두 번째 '롯데-대한민국 브랜드 엑스포'를 진행하며 부산 엑스포 유치 지원 활동도 했다.

2022년 6월 독일 유통사 레베(REWE) 회장과의 미팅에서 2030부산세계박람회 유치 지지를 부탁하는 신동빈 롯데 회장

롯데는 '2030부산세계박람회 유치 지원 민간위원회 출범 식'에도 참석해 국내 주요 기업 11개사와 함께 박람회 유치 활동에 적극적으로 나서기로 했으며, 2022년 6월2일부터 5 일까지 인천 베어즈베스트 청라에서 열린 한국여자프로골프 KLPGA 투어 '2022 롯데오픈'에서도 다양한 박람회 유치 활동을 펼쳤다.

신동빈 롯데그룹 회장도 직접 현장을 방문해 "2030부산세계박람회가 성공적으로 유치될 수 있도록 롯데도 힘을 보태겠다"라고 말하며 포토월 앞에서 롯데 골프단 황유민 선수와 함께 유치를 기원했다.

롯데는 유치 열기 확산을 위해 롯데 오픈 갤러리 플라자에 부산엑스포 포토월을 설치하고 SNS 인증샷 이벤트를 진행했다.

또한 박람회 기념품을 배포하고, 전광판을 통해 홍보 영상을 상영하는 등 롯데 오픈을 방문하는 갤러리들을 대상으로 2030부산세계박람회를 널리 알렸다.

신 회장은 앞서 박람회 유치를 위한 릴레이 응원 캠페인 '함께해요 이삼부'에 동참해 "글로벌 전시 역량뿐만 아니라 풍부한 관광자원, 항구도시 특유의 개방적이고 포용적인 문화까지 갖춘 부산이 월드엑스포 개최 최적지라고 생각한다"라고 말하기도 했다.

2022년 7월 사직야구장에서 개최한 2030부산세계박람회 유치를 기원하는 '플라이 투 월드 엑스포(FLY TO WORLD EXPO)' 행사에 참여한 롯데 신동빈 회장.

롯데는 2022년 7월 시그니엘 부산에서 '2022 하반기 VCM'을 개최하고 2030부산세
계박람회 유치 홍보 활동을 펼쳤다.

부산 터줏대감 롯데

롯데와 부산의 인연은 각별하다.

신격호 명예회장은 1940년대 일본으로 건너가기 전 20대 청년 시절을 부산에서 보냈다. 그는 부산 남쪽 끝에 위치한 광복동 일대에서 바다를 건너보며 '일본으로 건너가 꼭 성공하겠다'는 꿈을 꿨다.

1967년 롯데제과를 설립하며 한국 사업을 시작한 롯데는 이듬해 부산 거제동 출장소로 확장하여 부산에서의 사업을 시작했다.

출장소 설립을 시작으로 1982년에는 부산을 연고로 한 프로야구 구단 롯데 자이언츠를 창단하고, 백화점·호텔 설립을 이어가며 부산에서 활발하게 기업활동을 펼치며 부산 기업 이미지를 다졌다.

롯데는 부산지역 관광·문화·유통 관련 인프라 구축에도 적극적으로 나서고 있다. 지난 2013년에는 부산 영도대교 복원개통에 공사비 전액인 1100억 원을 기부한 바 있다.

사직경기장

　영도대교는 근현대사의 역사·문화적 가치를 감안해 롯데의 지원으로 40여 년 만에 도개 기능을 회복해 재개통하게 되었으며, 이후 부산시민뿐만 아니라, 수많은 관광객이 찾는 관광명소로 거듭나 성공적인 지역공헌 사례 중 하나로 손꼽히고 있다.

　이러한 결정에는 영도대교 근처 광복동에서 젊은 시절 일본에 진출해 사업을 하겠다는 꿈을 키운 신격호 명예회장의 의지가 강하게 작용했다고 알려져 있다.

2013년 영도대교 복원 개통 현장

롯데자이언츠_84년 프로야구 한국시리즈 우승

롯데자이언츠_92년 한국시리즈 우승

신격호 명예회장이 부산시에 깊은 애정을 갖고 있는 만큼, 부산시민들이 강한 애착을 지닌 영도대교 복원 사업 등을 적극 지원한 것이다.

롯데는 부산시 북항에 세계적 수준의 오페라하우스를 건립하는 일도 지원했다. 지난 2017년 부산오페라하우스 건립 기금 1000억 원을 기부해 침체되어 있던 북항 일대 지역경제를 활성화하고, 문화가 취약한 부산지역에 문화예술 인프라를 구축하는 데 적극적으로 나섰다.

롯데는 동부산 복합쇼핑몰, 김해 관광 유통단지, 동부산 테마파크, 롯데월드어드벤처 부산 등 대규모 투자를 통해 지역 주민들에게 새로운 형태의 쇼핑문화공간을 제시하는 것은 물론, 지역경제 활성화에 이바지하고 있다.

롯데와 부산시는 부산 롯데타워 건립사업의 원활한 추진을 위한 업무협약도 체결했다. 2022년 3월 문을 연 롯데월드 부산은 부산시 기장군 오시리아 관광단지 테마파크 존 내에 총 15만8000㎡ 4만8000여 평 규모로 세워졌다.

동해선 오시리아역에서 약 500m 거리에 위치해 있으며 오시리아역에서 롯데월드 부산까지 연결되는 보행 육교는 2022년 6월 완공됐다.

야외 테마파크인 롯데월드어드벤처 부산은 '동화 속 왕국'

을 테마로 6개의 존과 17종의 탑승 및 관람 시설로 이뤄졌다. 롯데월드 부산에서만 만날 수 있는 최고시속 105km/h로 급격히 출발하는 '자이언트 디거'와 급하강해 거대한 물보라를 일으키는 '자이언트 스플래쉬' 등 어트랙션과 이색적인 롤러코스터 레스토랑이 지역민과 관광객 사이에서 뜨거운 관심을 받으며 관광도시 부산의 새로운 관광코스로 자리매김하고 있다.

롯데월드 부산은 지역 상생을 위한 노력도 아끼지 않는다. 장애인에게 양질의 일자리를 제공하기 위해 부산시, 한국장애인고용공단 부산직업능력개발원과 함께 업무협약을 체결했다. 부산지역의 취약계층 아동을 초청하는 '드림티켓' 초청 행사와, 대표 캐릭터들과 함께 소아 병동을 찾아 환아들에게 선물을 전달하는 '찾아가는 테마파크' 행사 등 사회공헌 활동도 적극 진행 중이다.

조국 대한민국을
사랑했던 재계 거인

롯데월드어드벤처 부산 야간 전경

롯데월드어드벤처 부산 로티 로리와 캐릭터들

롯데월드어드벤처 부산 자이언트디거

롯데월드어드벤처 부산 회전목마

롯데월드어드벤처 부산 자이언트스플래쉬

롯데그룹 현황

롯데는 86개 <sub>공정위 2022년도 대기업집단 지정결과 기준</sub> 계열사를 두고 있으며, 아시아·유럽·미주 등 세계 30여 개국에 진출했다. 자산 120조 원이 넘는 재계 5위 롯데그룹은 식품군, 유통군, 화학군, 호텔군, 건설·렌탈·인프라군으로 구성돼 다양한 사업을 영위 중이다.

식품군 주요 회사는 롯데제과, 롯데칠성음료, 롯데GRS 등이다. 롯데제과는 2022년 7월 롯데푸드를 흡수합병했다. 2021년 기준 그룹 전체에서 식품군 매출이 차지하는 비중은 11% <sub>8조1929억 원</sub> 이다.

유통군은 롯데백화점, 롯데마트, 롯데슈퍼, 코리아세븐, 롯데하이마트, 롯데홈쇼핑, 롯데e커머스, 롯데멤버스 등으로 구성됐다. 그룹 매출 비중은 27.7% <sub>20조6677억 원</sub> 에 달한다.

롯데케미칼, 롯데정밀화학, 롯데이네오스화학, 롯데알미늄, 롯데엠시시, LC 타이탄, LC USA 등으로 구성된 화학군은 미국, 중국, 말레이시아, 헝가리, 터키 등 전 세계 주요 국가에 26개의 생산·판매 거점을 갖췄다. 화학군은 롯데그룹에서 매출 비중이 가장 크다. 32.6%로 2021년 화학군 총매출은 24조2748억 원에 달했다.

호텔군은 호텔롯데, 롯데면세점, 롯데월드, 롯데리조트, 롯데물산, 롯데제이티비 등으로 이뤄졌다. 그룹 매출 비중은 7.4% 5조5041억 원 이다.

건설·렌탈·인프라군은 롯데건설, 롯데렌탈, 롯데글로벌로지스, 롯데정보통신, 대홍기획, 롯데캐피탈, 롯데상사, 롯데벤처스, 캐논코리아, 한국후지필름, 롯데컬처웍스, 롯데자이언츠 등으로 이뤄졌다. 그룹 매출 비중은 18.7% 13조9159억 원 이다.


롯데지주는 그룹의 미래 성장동력, 인재양성과 조직문화 개편 등에 주력하고 ESG 및 그룹의 거버넌스 등 지주 본연 업무에 집중하고 있다.

롯데지주는 이사회 중심으로 의사결정이 이뤄진다. 롯데지주 이사회는 회사의 최고 상설 의사결정기구다. 대표이사를 선임하는 권한을 가지며, 법령 또는 정관이 규정하고 있는 사항, 주주총회를 통해 위임받은 사항, 회사경영 기본 방침 및 업무 집행에 관한 중요사항을 의결하고 있으며, 경영진의 업무를 감독하고 있다.

이사회는 △ESG위원회 △사외이사후보추천위원회 △투명
경영위원회 △보상위원회 △감사위원회 △집행위원회로 구성
됐다.

2021년 롯데는 새로운 브랜드 슬로건으로 '오늘을 새롭게,
내일을 이롭게 New Today, Better Tomorrow'를 발표했다. 이 슬로건에는
'인류의 지속가능한 미래를 위해 모두에게 이로운 혁신을 하
겠다'는 의지를 담았다.

조국 대한민국을
사랑했던 재계 거인

에필로그

# 나에게 신격호란

—

한상들이 전하는
신격호

### ♦ 심상만 세계한인회총연합회 회장

 내가 학창시절을 보낸 1960년대 후반의 '롯데'를 생각하면 롯데껌이 떠오른다. 당시 우리나라에서 껌은 고급 과자로 미군부대에서 나오는 미제 껌을 먹던 시절이었다.

롯데는 일본에서 어느 정도 성공을 거둔 후 1965년 한·일국교정상화에 따라 1967년 한국에 진출 롯데제과를 설립했다. 최초 출시된 쿨민트껌과 바브민트 껌에 이어 2000년대는 자일리톨껌으로 70% 시장점유율을 차지하면서 껌 하면 롯데를 생각하는 일등 제과 기업으로 성장했다.

나는 2021년 10월 세계한인회총연합회 초대 회장이 되며 지난 25년간 인도에서의 사업을 돌이켜 생각해봤다. 먼 타국에서 재외동포들이 사업을 일구며 성공하기까지 얼마나 어려움이 많고 난관을 뚫고 헤쳐나가야 하는지를 누구보다 잘 알고 있다.

나는 2005~2010년 롯데제과 인도법인 사외이사를 하며 롯데와 인연을 맺었다. 현재까지 롯데그룹 경영진들과의 친교모임 등을 통해 신격호 명예회장님의 경영철학에 대해 잘 알고 있다. 특히 겉으로 드러나는 화려함을 멀리하고 실리를 추구한다는 뜻의 '거화취실'이라는 좌우명에서도 알 수 있듯이 '도전과 혁신으로 일본에서 이룬 껌 신화', '사람을 가장 중요하게 생각한다'라는 그분의 철학은 우리가 본받아야 할 중요한 덕목이다.

신격호 명예회장의 성공신화는 요행으로, 운이 좋아서, 사업수완이 좋아서 이룩한 것이 아니다. 혈혈단신 일본으로 건너가 우유배달로 시작해 오로지 근면과 성실을 무기 삼아 자본 하나 없이 빈손으로 시작해 성실과 신용으로 롯데그룹을 재계 5위 그룹으로 성장시켰다.

신격호 명예회장은 "꿈을 이루기 위해서는 불굴의 의지로 노력하라"는 강인한 정신으로 모두가 안 된다고 했던 무모한 사업인 잠실 프로젝트를 성공시켰다. 생애 마지막엔 국내 최고층 국보급 문화재 123층 롯데월드타워까지 준공했다.

### ◆ 최윤 OK금융그룹 회장

신격호 명예회장님께서는 '일본에서 자란 한국인', '한국 국적을 평생 간직한 재일교포 3세'라고 불리며 일본에서 경계인의 삶을 보낸 저에게 한국인이라는 긍지와 자부심을 심어주신 존재였습니다.

신격호 명예회장님은 성공하겠다는 일념 하나로 만20세가 되던 해 연고가 전혀 없던 일본에서 사회적 배고픔과 외로움 속에서도 '롯데그룹'의 기반을 닦고 한국 산업 발전에 큰 발자취를 남기신 분이십니다.

비록, 신격호 명예회장님을 직접 만나 뵌 적은 없지만, 일본 나고야에서 보낸 필자의 어린 시절에 '롯데'라는 기업은 당시 만연했던 자이니치에 대한 사회적 편견과 차별을 극복하고 껌 하나로 일본 전역에 큰 반향을 일으킨 회사로 기억되고 있습니다.

저는 평소 단돈 83원을 들고 혈혈단신 일본으로 떠나 현재의 롯데그룹을 일군 '제1호 한상'이신 신격호 명예회장님의 '도전 정신'을 동경해왔습니다. 특히, 일본 도쿄에서 우유배달로 시작해 롯데그룹을 한국 재계 5위까지 성장시킨 신격호 명예회장님의 남다른 기업가 정신 이면에서는 '사업보국 事業報國'을 통해 조국 발전에 조금이라도 보탬이 되고자 하는 신념이 강하게 녹아 있음을 느낍니다.

조국을 그리워하며 40년에 가까운 시간을 타향인 일본에서 보낸 저에게도 신격호 명예회장님의 도전 정신은 한국으로 돌아갈 용기와 영감을 불어 넣어주시기 충분했습니다. 재일교포 기업가로서의 모범을 보여주신 신격호 명예회장님을 본보기 삼아, 조국인 한국으로 돌아와 끊임없이 고민하고 도전하는 길을 걷게 되었다고 말씀드려도 과언이 아닐 것입니다.

먼 타국에서 경계인 境界人이 사업을 일구고 성공시키기 얼마나 어려운 일인지를 누구보다 잘 알기에, 신격호 회장님은 저를 비롯한 전 세계 한상인들에게 큰 유산을 남겨주신 기업인으로 평생 기억될 것입니다.

## ◆ 김점배 제20차 세계한상대회 대회장

　　모든 사람이 자신만의 인생을 살아 간다. 그중 롯데그룹 창업주 故 신격 호 명예회장의 이야기는 많은 사람에 게 특별한 감동과 교훈을 준다. 특히, 나와 같이 해외에서 다른 문화와 환경 속에서 한민족의 이름으로 비즈니스에 종사하는 동포 경제인에게는 더욱 그렇다.

　일제강점기는 풍전등화의 나라와 민족의 정체성 유지 그리 고 독립운동 등 청년에게 쉽지 않은 시대였다. 그 시대, 일본 에서 우유배달부터 시작해 재계 5위 거대 기업으로 성장시킨 신격호 명예회장의 기업보국이라는 기치 아래 조국의 어린 꿈 나무들에게 풍요로운 꿈을 심어주기 위한 모국투자 등은 우 리에겐 특별한 울림과 고초의 뒤안길도 생각하게 한다. 그 시 절에 비할 바 아니지만, 우리 세대 역시 선배를 본받아 세계 각지에서 불철주야 일하고 있다.

한민족으로서 '신용'을 강조한 신격호 명예회장의 이야기는 모든 재외동포 경제인 한상 韓商 그리고 나에게 큰 본보기가 된다. 지금까지 나를 포함한 한상이 세계 속에서 비즈니스 성과를 이룬 데에는 한민족 특유의 '신용'과 '도전' 그리고 '성실'이 핵심이 있었다는 것에 이견이 없을 것이다. 신격호 명예회장과 같은 선배 한상의 수고와 헌신으로 대한민국이 성장했고, 지금까지 끊임없는 변화와 발전을 거듭했다. 우리 후배 한상도 그 유산과 가치를 잘 전해줘야 할 책임을 느낀다.

2022년은 세계한상대회는 20주년이다. 세계한상대회 20주년 그리고 신격호 회장의 출생지인 울산광역시에서 세계한상대회장을 맡은 나는 깊은 생각에 빠진다. 오랜 세월 동포로서 경제인으로서 성장해온 나의 삶을 돌이켜 보건대, 선배 한상 경제인의 삶의 궤적을 따라가면 분명 차세대 한민족에게도 큰 울림이 있으리라 생각한다. 동시에 지금까지 한민족 경제를 성장시킨 우리 민족의 힘과 지혜로 밝은 미래를 함께 만들어갈 수 있으리라는 믿음이 생긴다.

1호 韓商 신격호

이 이야기를 통해 나와 같은 한상이 해외에서 일으킨 사업을 바탕으로 조국 대한민국의 경제성장과 글로벌 투자를 더욱 활성화하는 시작점이 되길 바란다. 또한, 많은 선배 경제인이 다음 세대를 위해 사회적 가치와 책임을 다하는 계기이길 희망한다.

"창업에서 창조의 역경을 넘는 건 도전, 일하는 방식은 열정"

## ◆ 최상민 YBLN 회장 겸 도미니카 ESD 대표

　　세계적인 한상을 꿈꾸는 젊은이라면 이 책을 꼭 읽어보기를 권한다. 해외에서 한상으로 성공한다는 것은 언어가 통하고 문화에 익숙한 곳에서 보다 몇 배 더 많은 역경과 어려움을 겪게 된다는 얘기다. 한상의 길을 걷고자 마음먹은 젊은이들에게 고 신격호 롯데그룹 명예회장의 인생 스토리는 안개등과 같은 기능과 나침판 같은 역할을 해줄 것이다. 수많은 도전과 실패 그리고 재기의 경험과 지혜를 신격호 명예회장을 통해 배울 수 있다.

　　나는 1993년 고등학교 때 가족과 함께 도미니카로 이민을 갔다. 고등학교 졸업 후 미국에서 유학 생활을 했다. 대학을 빨리 졸업하고 좋은 회사에 취직해 영주권도 받고, 돈도 모아 안정적인 삶을 살아야겠다는 생각밖에는 없었다.

　　학교 성적은 별 볼 일 없었다. 스펙도 좋지 않았고, 유학생이다 보니 영주권 없이는 미국 대기업에 들어가기가 거의 불가능했다. 그렇다고 중소기업에 들어가자니 주변의 눈도 있고, 자존심도 허락하지 않았다.

결국 대학을 중퇴하고 도미니카로 돌아와 사업을 시작했다.

2004년 발전설비 공급회사 ESD를 창업하며 사업가의 길로 들어섰다. 현대중공업 도미니카 에이전트로 활동했던 경험이 사업 밑천이 됐다. 2010년 아이티 지진 때는 현지에서 아이티 전력청 지진복구 자문관으로도 활동했다. 현재 ESD 직원은 250여 명에 달한다.

YBLN 영비즈니스리더네트워크 회장도 맡고 있다. YBLN은 2008년 부산 세계한상대회에서 결성된 젊은 한상 네트워크로, 36개국에서 사업가 약 240명이 참여하고 있다.

사람마다 주어진 환경과 조건 그리고 능력들이 각자 다르다. 그것들을 인정하고 내가 지금 할 수 있는 것, 내가 좋아하고 잘할 수 있는 일을 찾아서 살다 보니 여기까지 오게 됐다.

힘들었던 20대 때 신격호 명예회장의 성공 스토리가 나에게 큰 힘이 됐다. 젊은 시절 일본에서 힘겹게 학업과 사업을 시작한 경험은 그에게 선한 영향력을 미쳤을 것이다. 또한 일본에서의 성공을 바탕으로 당시 가난한 모국에 투자하겠다는 의지도 배울만하다.

나는 도미니카에서 사업을 하는 한상이다. 내가 태어난 대한민국의 발전에 보탬이 되는 일을 해보겠다.

조국 대한민국을
사랑했던 재계 거인

신격호의 흔적

### ***둔기리 별장, 생가

신격호 명예회장이 울산에서 뛰놀던 시절을 추억할 수 있
는 곳은 생가生家 다.

그의 울산 둔기리 별장 2층 창문 밖에는 저수지가 보인다.
1969년 대암호 건설로 생긴 저수지다. 물속에는 신격호 명예
회장이 태어나고 자란 생가生家 가 있다.

복원한 신격호 명
예회장 생가. 원래
둔터마을은 1969
년 대암댐 건설로
수몰되었다

신격호 명예회장은 둔기리 별장 옆에 생가를 복원해놓았다.
복원된 생가는 감나무 두 그루가 있는 초가집이다. 본채에는

방 2칸, 별채엔 사랑방이 있다. 이곳에서 신격호 명예회장 10 남매가 살았다.

그는 별장을 찾을 때마다 창밖을 바라보며 배고팠던 어린 시절을 떠올렸다. 그리고 대한민국이 잘살 방법에 대해 고민했다. 신격호 명예회장은 "롯데는 척박한 산업 여건 속에서도 국가경제 발전에 기여하고 국민의 생활을 윤택하게 하는 데 힘을 보태겠다는 각오로 문을 열었다"고 밝혔다.

신격호 명예회장 집무실로도 사용했던 별장은 1972년에 세워졌으며 단출함 그 자체다. 정원에는 소나무와 백일홍 등 나

상전 신격호 기념관 내 집무실 재현 공간

무들이 가득하다. 신격호 명예회장은 왕벚나무를 가장 좋아했다고 한다.

집엔 에어컨 대신 40년도 더 돼 보이는 선풍기가 있고, TV는 1990년대 만든 '골드스타 Gold Star'다. 골드스타는 LG전자의 옛 브랜드로 1995년까지 사용됐다.

상전 신격호 기념관 전시물

벽에는 명화가 아닌 소박한 풍경 그림이 걸려 있다. 소파와 침대, 의자들은 화려함과는 거리가 멀다. 신격호 명예회장이 생전 쓰던 연필도 있다. 그는 몽당연필이 될 때까지 직접 칼로 연필을 깎아서 썼다. 책장엔 『조선왕조오백년』과 『열국지』 등 책이 꽂혀 있다. 그는 역사책을 읽으며 경영 혜안을 넓혔다.

1층 응접실에는 식당과 명예회장의 부모인 신진수 부부의 사진도 걸려 있다.

울산 둔기리 숙소 응접실에 걸려 있는 아버지 신진수 공과 어머니 김순필 여사 초상화

신격호 명예회장의 생가와 별장 인근 주민들은 아직도 그를 기억한다. 주민들에 따르면 신 명예장의 삶은 '검소함' 그 자체였다. 잠자리에 들기 전에는 일일이 집안 전등을 모두 껐으며, 딸 신영자 씨 과 손잡고 마을을 돌아다니기도 했다. 마을 사람들이 '신격호 회장'을 외치면 딸은 아버지에게 "손 한번 흔들어 주세요."라고 말했다. 딸의 요청에 신격호 명예회장은 이웃 주민들에게 웃는 얼굴로 손을 흔들었으며, "이제 소 안 키우냐" 등 안부를 물었다고 하는데, 이곳 주민들은 그때를 생생하게 기억하고 있다.

1962년 국교 수립 전
한국에 도착한 신격호
명예회장

사업 초창기의 신격호 명
예회장

1994년 4월 이집트 피라미드를 방문한 신격
호 명예회장

1989년 롯데월드 개관 기념 테이프 커팅식에 참여한 신격호 명예회장

에필로그

서울 송파구 롯데월드타워 1층에 마련된 故 신격호 롯데 창업주 2주기 흉상 앞에서
헌화 중인 임직원과 신동빈 회장

1호 韓商 신격호

롯데그룹 창업주
신격호 명예회장 연보

- 1921년 11월 3일 경남 울주군 삼동면 둔기리 623번지에서 출생
- 1929년 삼동공립보통학교 입학
- 1935년 언양공립보통학교 졸업
- 1938년 울산농업실수학교 졸업
- 1941년 도일(渡日)
- 1942년 와세다실업학교 야간부 편입
- 1943년 와세다고등공학교 응용화학과 입학
- 1946년 와세다고등공학교 졸업
  히카리특수화학연구소 창업
- 1947년 추잉껌 생산
- 1948년 주식회사 롯데 설립
- 1966년 동방아루미공업(현 롯데알미늄) 설립
- 1967년 롯데제과 설립
- 1973년 호텔롯데 설립
- 1974년 칠성한미음료(현 롯데칠성음료) 인수
- 1977년 삼강산업(현 롯데제과) 인수
- 1978년 롯데햄·우유 (현 롯데제과) 설립
  평화건업사(현 롯데건설) 인수
  국민훈장 무궁화장 수훈

- 1979년 호남석유화학(현 롯데케미칼) 인수
  롯데리아(현 롯데지알에스) 설립
  롯데쇼핑 설립
- 1981년 동탑산업훈장 수훈
- 1982년 롯데자이언츠 설립
- 1983년 롯데장학재단 설립
- 1985년 롯데캐논(현 캐논코리아) 설립
- 1987년 롯데월드사업본부 설립
- 1988년 잠실 호텔롯데월드 개관
- 1994년 롯데복지재단 설립
- 1995년 관광산업계 최초로 금탑산업훈장 수훈
- 1998년 롯데쇼핑 마트사업본부 설립
- 1999년 롯데쇼핑 시네마사업본부(현 롯데컬처웍스) 설립
- 2000년 롯데닷컴(현 롯데쇼핑 이커머스사업본부) 설립
- 2002년 롯데경제연구소(현 롯데미래전략연구소) 설립
- 2002년 동양카드 인수
- 2004년 케이피케미칼 · 케이피켐텍(현 롯데케미칼) 인수
- 2005년 현대석유화학 2단지 인수, 롯데대산유화(현 롯데케미칼)
  설립

- 2007년 우리홈쇼핑 인수, 롯데홈쇼핑으로 채널명 변경
  롯데백화점 러시아 모스크바점 오픈

- 2009년 두산주류비지 인수

- 2009년 롯데삼동복지재단 설립

- 2010년 말레이시아 타이탄(현 롯데케미칼) 인수
  롯데호텔 러시아 모스크바점 오픈

- 2012년 하이마트(현 롯데하이마트) 인수

- 2015년 케이티렌탈(현 롯데렌탈) 인수

- 2016년 삼성SDI 케미칼사업본부(현 롯데첨단소재), 삼성정밀화
  학(현 롯데정밀화학), 삼성비피화학(현 롯데이네오스화
  학) 인수

- 2017년 롯데월드타워 오픈
  롯데지주 설립

- 2020년 1월 영면

# 참고문헌

- 다카쓰키 야스시, 『13인의 재일한인 이야기』, 한정선 역, 보고사, 2020.
- 롯데, 『롯데그룹 50년사』, 2017.
- 롯데건설 60년사 편찬위원회, 『롯데건설 60년사』, 2019.
- 롯데지주, 『롯데그룹 창업주 신격호 회고록－열정은 잠들지 않는다』, 나남, 2021.
- 매일경제신문
- 신한금융지주, 『신한 40년사』, 2022.
- 오쿠노 쇼, 『신격호의 도전과 꿈－롯데월드와 타워』, 오현정 역, 나남, 2020.
- 이희건, 『신한은행 창업주 이희건 회고록－여러분 덕택입니다』, 나남, 2022.
- 재외동포재단, 『모국을 향한 재일동포의 100년 족적』, 재외동포재단, 2008

- 상전 신격호 기념관 전시물
- 재일한국인기념관 전시물

# 1호 韓商 신격호
## 조국 대한민국을 사랑했던 재계 거인

초판 1쇄  2022년 10월 31일

지은이  정승환
발행인  김재홍
교정/교열  김혜린
디자인  현유주
마케팅  이연실

발행처  도서출판지식공감
등록번호  제2019-000164호
주소  서울특별시 영등포구 경인로82길 3-4 센터플러스 1117호(문래동1가)
전화  02-3141-2700
팩스  02-322-3089
홈페이지  www.bookdaum.com
이메일  jisikwon@naver.com

가격  18,000원
ISBN  979-11-5622-749-6  03320